幼少期の記憶で人生は9割決まる

HOW TO HEAL LITTLE ME

「小さな私」の癒し方

sa

KADOKAWA

はじめに

私が幼いころ、母はいつも泣いていました。

父と母はケンカが絶えず、私は泣いている母の背中を見て育ったようなものです。

大嫌いな父と大好きな母。私の心の中でそのような図式ができあがります。

母は、「お父さんのようにならないでね」とすがるように私に言う一方で、私が何か悪さをするたびに「お父さんに似てきたね」とガッカリします。

私は大好きな母に嫌われたくありません。だから、「お父さんに似てきたね」と言われないために、母が気に入る〝いい子〟を演じるようになっていきました。

「これをしたら、母はどう思うかな？　イヤがらないかな？」と考えるのが、知らずにクセになっていたのでしょう。**大人になり親元から離れても〝いい子〟を続け、私はいつも、他人の目（母の目）を気にしながら生きる人生を送った**のです。

でも、そんな自分が息苦しくてたまらず、いい加減、人生を変えたくなりました。

そして心理学の学びに没頭し、この本でお伝えする解決策にたどり着いたのです。

「幼少期の記憶で人生は9割決まる」。これは、これまで6500人以上の方に対面カウンセリングをしてきた中でたどり着いた、私のいちばん大切な考えです。

過去に負った心の傷を、癒さないまま成長後も引きずっている方のなんと多いことか。**この傷は、無意識のうちに、あなたが思う以上にあなたの人生を苦しめます。**

傷を癒すためには、いつ、どうして傷を負ったのかの記憶を探り、向き合う必要があります。けれど、思い出したくない記憶ほど、人は意識の奥底に封じ込めるもの。傷を見つけるプロセスが一番の難所なのです。

この難所を乗り越えるために、最も効果的なのがカウンセラーと対話して適切な質問とワークを受けること、そして、他者のエピソードにも触れることです。

どうにかして、**1人でも多くの人にカウンセリングを体験してほしい。そう願い、カウンセリングを再現できるよう書いた**のが、この本です。

本書は物語編と解説編という二部構成になっています。まずは、物語編で主人公と一緒にカウンセリングを体験してみてください。そして解説編では、心の仕組みを知って、さらに多くの方の体験談に触れてみてください。そうすることで、自分でも忘れていた過去の記憶と少しずつ向き合えるようになります。

人生の悩みが解消されていく物語に、どうぞ最後までお付き合いください。

装丁 西垂水敦・市川さつき（krran）
本文デザイン 二ノ宮匡（nixinc）
イラスト かわべしおん
本文ＤＴＰ エヴリ・シンク
校正 山崎春江
編集協力 塩尻朋子
編集 大井智水

これは、
複数の実話を元に構成した物語です。

登場人物などは仮名に置き換えています。

「小さな私（リトル・ミー）」とは？

小さな私、つまりリトル・ミー（little me）とは、心の中に住む、過去に傷ついた自分、過去に傷ついた記憶です。リトル・ミーは幼少期などに、主に恐怖、不安、悲しみなどを感じて強く傷ついた体験から生まれます。傷ついたまま癒されずにいる、あなたの過去の分身なのです。

→詳細な解説は、P.96

リトル・ミーは、心理学の用語では「インナーチャイルド」と呼ばれています。ただ、実際のカウンセリングの場で話しやすく、イメージしてもらいやすくするために、あなたの過去の分身という意味を込めて、私は、「リトル・ミー」と呼んでいます。この物語でも、リトル・ミーという言葉でご紹介をしています。

Ⅰ　物語編

リトル・ミーの癒し

出会い

私は主婦の幸子《さちこ》、44歳。「〝幸せ〟な子」と書く。

でも、名前通りに〝幸せ〟なのかはわからない。特に最近は。

今はお昼の12時。パート先のレストランが最も忙しくなる時間だ。厨房《ちゅうぼう》でみんながバタバタしている中、「チッ」と大きな舌打ちが聞こえた。私の苦手なお局《つぼね》さんだ。

この人はいつも、みんなが嫌がる仕事を私に押し付け、ちょっとでも間違えると自分が教えた通りにやっていないと怒る。

今日も早足で私に近づくと、「今日は洗い物だけ担当して」と強い口調で指示した。

え、また私？　なんで私ばっかり……。そう言いたかったが、私は「わ、わかりました……」と言ってうつむいた。

私の横にいた大学生のバイトが、「お局さん、今日はなんだかいつも以上にイライラしてるみたいですね」とつぶやく。

私は今日、ほんとうは休みのはずだった。朝、マネージャーから電話がかかってきて、「急な欠勤が出たので、出勤してくれないか？」と頼まれたのだ。ほんとうは家でやりたいことがあったのに、思わず「わかりました」と言ってしまった。

それなのに「ありがとう」の一言もなく、終わりのない洗い物の担当に。

「どうして、私ばかり……」、理不尽でくやしくて、涙がこぼれてきた。

3時になり、やっと洗い物から解放された。今日はもう、何をする気にもなれない。

パート先の悩みを夫に話しても、どうせつまらなそうに「ふぅん」と言うだけ、私の顔も見ないだろう。

2人の子どもたちも、私の話なんて聞こうともしない。

私のことをわかってくれる人なんて誰もいない。

私がいなくなっても、悲しむ人なんていないのかもしれない。

気持ちがどんどん沈んできて、行き場のない不満が心に渦巻く。

足早に歩く道の途中で、ふと神社の鳥居が目に入った。

ここは確か何年も前に、子どもたちと初詣に来た神社だ。

ここなら誰もいなさそうだし、積もり積もった私の気持ちを吐き出すのにいい場所かもしれない。

気持ちを抑えきれずに、私は神社に入っていった。

＊＊＊

夕方の神社は、ひっそりしていた。私は、わき目もふらずに参道を進み、正面にある本殿の前で、堰《せき》を切ったように話し始めた。

「一生懸命やっているのに、どうしてうまくいかないのでしょう……」

「今日も、私だけ洗い物をさせられました。あのお局さんは私のことが嫌いなんです」

「家族に相談しても、誰も聞いてくれません……私なんて……きっと、いなくなっても誰も気がつきません」

つぶやくうちに、これまでため込んできた気持ちが、あふれてきた。

これから先の人生も、こうなのだろうか。

誰にも気にかけられずに、誰にも大切にされないままなのだろうか。

先の見えない不安も重なり、私は思いあまって、「神さまがほんとうにいるなら、どうにかしてください！」と叫んでしまった。

その瞬間、私の背後でカサッと足音がした。

驚いて振り返ると、そこには、ベージュのジャケット姿の男性が立っていた。

まさか、誰もいないと思ったのに、人がいたなんて……。

私は、「ごめんなさい、聞こえていましたよね……？　恥ずかしいところをお見せしちゃって……」と言って頭を下げた。

男性は、「こちらこそ、驚かせてごめんなさい！　立ち聞きするつもりはなかったんです」と笑顔を見せた。

「どうやら、私が手水舎《ちょうずや》で手を清めていたときに、こちらに来られたようですね」

そう言って、男性はちょっと考えるそぶりを見せた。

そして、「……信じていただけないかもしれませんが、実は私も、15年前にこの神社であなたのように叫んだことがあったんですよ」と、話し始めた。

「15年前、まだ私が20代の半ばのころ、母がうつ病になりました。3年ほど、母の状態は悪くなる一方でした。薬の量や種類が増えて、最終的にお医者さんから、〝もしかしたら、一生このままかもしれない〟と言われてしまったのです」

男性は、ここでいったん、言葉を切ってこちらを見る。

私は、話の続きを聞きたくなり、小さくうなずいた。

「私は、正社員の仕事を辞めて、コンビニでバイトをしながら母の介護をしていました。でも、先が見えない一番つらい時期に、大学時代から7年付き合った彼女にもフラれ、自分の人生はどうしてこんなふうになっちゃったんだと苦しみました。そして、気がついたらここで思いをぶつけていたんです」

そうだったのか。

私の驚いた様子を見て、男性はまた笑顔になった。

「ところが母は、私がここであなたと同じように、〝どうにかしてください！〟と叫んだあと3ヶ月で、通院の必要がないほどに回復しました。私は今、心理カウンセラーとして独立して、以前の私と同じように〝人生がうまくいかない〟と悩む人のサポートをしています。それで、今日はたまたま近くに用事があったので、ここの神さまにお礼を言おうと立ち寄ったんです」

男性は、「だから、〝どうにかしてください！〟と叫んでしまいたくなる人の気持ちがわかるんですよ」と言って優しい笑顔を浮かべた。

男性は私の様子を気遣いながら問いかけてきた。

「差し支えなければ、いったい何があったのか、お聞かせいただけませんか？」

温かみのある話し方に安心した私の口からは、自然と言葉が出てきた。

「……パート先の人間関係でイヤなことがあって……。お局さんみたいな人がいるんです」

「そうでしたか」と、男性は大きくうなずいた。

その仕草に勇気づけられ、勢いづいて私は話を続けた。

「主人に相談しても、ぜんぜん聞いてもらえないし、子どもたちも最近では、〝お母さん、うるさい〟と言うばかりなんです」

私の目を見ながら、「わかります」と言うように、男性はうなずく。

「でも実は、パート先の問題は、今に始まったことじゃなくて……。私、なかなか断れないせいか、よくいろんな仕事を押し付けられたり、1人で残業させられたりして、ソンな役割ばかり回ってくるんです」

いっきに話して、私はホッと一息ついた。

「そうだったんですね」黙って私の話を聞いたあと、男性は口を開いた。

「……こんなことを言っても、すぐには信用してもらえないかもしれません。でも、私は、自分が体験したことと、心理カウンセラーとしての経験で、あなたの悩みの解決策を見つけられるかもしれませんよ」

「え、ほんとうですか？」

　思わず男性の顔を見ると、彼は私を安心させるように優しく微笑んでうなずいた。

「はい、私が15年前に来た同じ場所で、同じようにつらい思いをして叫んでいる人がいた。そんな偶然、めったにあることじゃないですよね。ですから、もしよろしければ……、ぜひ私にサポートさせていただけませんか。

　これも、お世話になった神社のご縁ですから、料金はいただきません。ただ、もし悩みが解決したらお願いがあるんです。あなたの経験がほかの人のお役に立てることがあると思います。そんなとき、私のお客さまに事例としてご紹介させていただいてもいいでしょうか？」

　男性の提案を聞いた瞬間、私の中で何かが変わる予感がした。

「あ、そういうことでしたら……。お願いします！」

　普段は優柔不断な私が、その場で迷わず「ｙｅｓ」と言ったことに、私自身が一番驚いた。

男性は「私は、大和《やまと》と言います」と、〝心理カウンセラー〟と書いてある名刺を差し出した。

私は、あわてて「あ、幸子と言います」と自己紹介をし、今後のことを決めるためにお互いの連絡先を交換した。

「今日はもう、次の約束に行かなければなりません。次回は、ここではなく、私のカウンセリングルームでお会いしましょう。連絡します！」

そう言った大和さんは、最後に、

「幸子さんの悩みの正体は、〝リトル・ミー《小さな私》〟が答えを知っているかもしれませんね」

と、言い残して去っていった。

「リトル・ミー？」なんのことだかわからなかったけど、「今、抱えている悩みが解決するかもしれない」という大和さんの言葉には、不思議な説得力があった。

セッション1　リトル・ミーって、何？

ここだ、間違いない。静かな住宅街にある建物の一室。

神社で出会ってから2週間後、日程を調整し、夫にも子どもたちにも内緒で、人生初のカウンセリングを受けに来た。

ドアをノックすると、「はい」と返事があり、ドアが開く。

目の前には、見覚えのある大和さんが笑顔で立っていた。

「あれから2週間、よく来てくださいましたね。もしかしたら、幸子さん、来ないかもしれないと思っていました」と優しく微笑む。

「あ、私、何度も迷ったんですけど……。大和さんのお話、つくり話じゃなさそうだし……」

そう言う私に、大和さんはにっこりうなずいた。

「勇気を出して、約束通りの日時に来ていただいて、ありがとうございます。

どうぞ、中に入って、こちらに座ってください」

私は、大和さんに勧められたソファにゆっくりと腰掛けた。

部屋には、優しいアロマの香りがただよっていて、気持ちが落ち着いた。


大和さんは飲み物を用意しながら、「あれから、パート先のお局さんとはどうですか？」と聞いてきた。

「相変わらずですね……」

私は、昨日もまた「お客さんを待たせた」と怒られたばかりだ。

「そうですか。なかなか大変ですね」

大和さんは、お茶の入ったカップを私の前のテーブルに置きながら、私を見た。

「今日はセッションを始める前に、幸子さんに伺いたいことが１つあります。

幸子さんは今、お局さんのことで悩んでいますよね。

幸子さんは、〝悩み〟というものについてどう思いますか？」

突然の質問に戸惑いながら、私はなんとか答えようとした。

「え、〝悩み〟ですか……？　う〜ん、あるとつらいですし、悩みはないほうがいいですよね」

「そうですよね、〝悩み〟があると、つらいですし、ないほうがいいですよね」

大和さんは、うなずいた。

「でも、私は**〝悩み〟って、〝人生の宿題〟**だと思っているんですよ」

え、「人生の宿題」ってどういうこと？

私の怪訝《けげん》そうな表情を見て、大和さんは続けた。

「私の言う〝宿題〟とは、人生で乗り越えなくてはならない課題のことです。

人は誰でも、それぞれの人生で〝宿題〟を抱えています。

たとえば、私の人生で最大の〝宿題〟は、母がうつ病になったことでした。

当時はつらく、苦しく、とても解決できない課題だと思いました。でも、宿題に向き合い、乗り越えたことで、私の人生は大きく変わりました」

少しの間をおいて、大和さんはゆっくりと話を続けた。

「〝宿題〟は、放置しておくと、さまざまな形で〝まだ、解決できてないよ〟

というサインをあなたに送ってきます。

このサインにしっかり向き合って、宿題を解決することで、人生がステップアップするんですよ」

私はこのとき、大和さんの言うことをあまり理解できていなかった。

でも、〝**宿題**〟**と考えると、宿題を終わらせれば、悩みは解決できそうな気がしてくる。**

「幸子さんにも今、〝悩み〟がありますよね。今は悩んで苦しいかもしれません。**私はこれから、悩みを乗り越える術《すべ》をお伝えしていきます。**

悩みとしっかり向き合えたとき、幸子さんが〝宿題があってよかった〟と思えるように、サポートしていきますね」

なんて心強い言葉だろう。私は思わず涙ぐみそうになった。

＊＊＊

大和さんは、少しの間のあと、私を見つめながらゆっくりと質問した。

「今、幸子さんが抱える一番の悩みは、パート先のお局さんとの関係ですか?」

「そうですね……。とにかく私にばかりあたりがキツくて……」

「なるほど、ほかにその方のどのようなところが苦手ですか?」

「はい、私にばかり雑用をやらせようとしたり、なんでもマニュアル通りじゃなくて、『こうしてちょうだい』と、自分のやり方を押し付けたりしてくるところです」

「そうでしたか。幸子さんはほんとうにたくさんがまんして、がんばってきたんですね」

大和さんの言葉を聞いて、また私は涙が出そうになった。

「でも、私もいけないんです。〝できません〟と断ればいいのに断れなくて……。夫にもいつも、それで呆《あき》れられるんです」

泣くのをこらえてうつむくと、大和さんは静かに話を続けた。

「幸子さんは人生のどこかのタイミングで、〝NO〟と言えなくなってしまったのかもしれませんね。**生まれたときから〝NO〟と言えない性格の人はいない**はずですから」

それを聞いて私はハッとした。

そうだ、私は、小学校の低学年ごろまでは、むしろ〝なんでもハッキリ言う子〟だと言われていた。

どうして忘れていたんだろう……。

「幸子さん、何かきっかけがなかったかどうか、少し、考えてみていただけますか？」

大和さんにそう言われ、私は、昔を思い出そうとした。

しばらく経っても、何も浮かばない私を励ますように、大和さんは口を開いた。

「たとえば幸子さんは、大好きな親友から、『仕事を押し付けられて、残業ばかりで困っている』という相談を受けたら、なんとアドバイスするでしょう？　きっと、『無理しすぎないで、仕事を断って』と言うのではないでしょうか」

うん、そうかもしれない。

私が何度かうなずくと、大和さんは続けた。

「でも、幸子さんは**親友には〝断って〟と言えても、自分には言えていないない**のではありませんか……？　たとえ言えたとしても、何か腑《ふ》に落ちない気がしてしまう……」

「たしかに、そうかもしれません。親友に相談されたら私は迷わず、『〝NO〟と言うべき』と答えると思います。

それなのに自分に対しては、なぜか『それはできない』と思っています。

親友に対して、うわべだけで答えているつもりはないのに……」

私は自分の中に、大きな矛盾があることに気がついた。

「ここまでお話を聞いたところで、私が考える結論を最初にお話ししましょう。もしかしたら幸子さんとお局さんの問題は、**幸子さんの幼少期の記憶を見直すことで解決できる**かもしれません」

「え、幼少期の記憶……ですか？」

「実は、**幼少期の記憶で人生は9割決まる**と言っても過言ではありません。〝三つ子の魂百まで〟という諺《ことわざ》がありますよね。ほとんどの人は、幼少期のことをあまり覚えていません。でも、人間の脳はこれまでの人生に起こったこと、すべてを覚えています。そして、幼少期の記憶は大人になってからも、考え方や行動に影響を及ぼしているんです」

つまり、と私の様子を見ながら、大和さんはゆっくり言葉を続けていく。

「幸子さんはきっと、人生のどこかの時点で心に傷を負って、その傷が原因で、ＮＯと言ったり、自分の意見を相手に伝えたりすることができなくなったのではないでしょうか。

過去に傷ついた記憶が幸子さんの〝リトル・ミー〟となって、癒されずに残り、幸子さんの行動にブレーキをかけているのかもしれません」

「リトル・ミー」。神社で出会ったとき、大和さんが最後に言っていた言葉だ。

「リトル・ミーっていったい、なんのことなのでしょう？」

「小さな私、を意味するリトル・ミーとは、その言葉通り、幸子さんの心に住む、小さな分身のようなものです。

リトル・ミーは、過去に傷ついた体験から生まれます。リトル・ミーは傷の痛みを覚えていますから、傷ついたときと近い状況になると、臆病になって、行動にブレーキをかけることがあるのです。幸子さんの場合も、リトル・ミーが〝NO〟と言わないようにしているのかもしれませんね」

私が〝NO〟と言えない理由は、傷ついたリトル・ミーがいるから……？

「では、これから行うセッションを通じて、幸子さんが〝NOと言ってはいけない〟と感じた最初の地点まで戻ってみましょう。

リトル・ミーに会いに行き、幸子さんの傷ついたリトル・ミーが癒されれば、人生の流れがスムーズに変わりますよ」

「あの、まだ私よく理解できていないかもしれないのですが、ずっと悩んでいたお局さんのことは解決したいです。どうかよろしくお願いします！」

まだわからないことは多いけれど、自分の中の何かが大きく変わりそうな予感がした。

＊＊＊

「では、ここから幸子さんのリトル・ミーに近づくヒントを探っていきましょう。先ほど幸子さんは、小学校低学年ごろまではハッキリものを言える性格だったと言っていましたね。では、具体的にいつごろから〝NO〟と言えなくなったかわかりますか？」

「うう－ん……さっきも考えてみたのですが、やっぱり気がついたら、なんですよね。ごめんなさい、すぐには思い出せません……」

どうしてだろう。いくら考えてみても、いつからか思い出せない。

そんな私の焦りを感じ取ってか、大和さんは私にお茶を勧めた。

「無理しないでくださいね。大丈夫ですよ、ゆっくり進めていきましょう。

これから、幼少期のことを思い出すために、幸子さんにいくつか質問をしますね。まず、幸子さんのご両親はどんな方でしょうか？」

「そうですね、父は中堅メーカーの会社員でした。仕事一筋で、家庭にはあまり関心がないというか……。口うるさくはなかったですが、あまり会話はありませんでした。そのぶん母が私たちの面倒を見てくれた気がします」

「〝私たち〟というと、ごきょうだいがいらっしゃったんですね？」

「はい、私は長女で、２つ下に妹がいます」

「幸子さんは、長女だからしっかりされているんですね」

「しっかりしているというより、いつも母に〝お姉ちゃんなんだから〟と言われて、妹がゲームしているときも、家の手伝いをしていましたね」

「なるほど、ほかにお母さんからよく言われていたことはありますか？」

「母は、〝友だちと出かける〟と言うと、〝誰と？〟〝どこに行くの？〟〝何時に帰ってくるの？〟と聞いてきたり、いつも〝宿題やったの？〟〝テストもうすぐじゃないの？〟など、とにかく心配性でした」

大和さんは、少し考えるように間を置き、続けて問いかけた。

「差し支えなければ、お母さんとのエピソードで、何か思い出深いものがあったら教えてください」

母と暮らしていたのは20年も前のこと。

私は当時のことを思い出そうと頭をひねった。

そうだ、高校に進学するとき、私が仲良しだったひとみちゃんと〝同じ私立に行きたい〟と言ったら、ものすごく困った顔をされたのを覚えている。

「行きたい高校を伝えたら、〝友だちだからって、同じ高校に行く必要はないでしょう〟って言われたんです。で、結局私、母の勧める公立に進学して、大学も母がいいと言う学部に進みました」

「お母さんは、ずいぶんたくさんのことを決めてこられたんですね」

大和さんの一言で、私の別の記憶がよみがえった。

就職したあと、職場の男性と付き合っていたときのこと。母に会わせようとしたら、「いや、私はその人には会わなくていい」と、拒否された。

その代わりに「幸子の中学の先輩の大輔くん、まじめでいい人だから、今度、夏休みに帰ってきたときに会ってみれば？」と勧められたんだった。

私が「付き合っている人がいるから」と断っても、母はことあるごとにその話を持ち出した。そして職場のその男性と疎遠になったとき、食事をセッティングされて、今の夫となる大輔との付き合いが始まったのだった。

私はこのとき、大変なことに気がついた。

これまでの44年間、自分で自分の人生を決めてきたと思っていたけれど、実は、母の意見に大きく影響を受けていたのだった。

「大和さん、私、自分の人生、自分で決めてきたと思っていましたが、母が望んだ人生を歩んでいたんですね」

ショックを受けながら、私はつぶやいた。

今までの私の人生はなんだったんだろう……。

「幸子さん、ショックを受けたかもしれませんね。

　でも、**子どもは親から見放されたら生きていけません。子が親の意見を取り入れるのは、〝生存戦略〟として、誰もが無意識に行って当然のことなんですよ**」

「子どものころから、すべて自分で決めてきたという人はいないでしょう。でも、**幸子さんはもう子どもではありません。ですから、自分のほんとうの気持ちに向き合う時期がきているの**かもしれませんね」

　なるほど、でも、幼いころの記憶と、お局さんとの問題は、どう関係しているのだろう？

　私の疑問を感じ取ったかのように、大和さんはこう言った。

「今、お話を聞いていると、**幸子さんの苦手なお局さんは、お母さんに似ている気がしますけど、どうでしょう？**」

　そう言われて私は絶句した。

　え、お局さんとお母さん……？

今日は、ショックを受けてばかりだ。

まったく関係のない2人だが、よく考えると大和さんの言う通りかもしれない。客観的に見たら、**私を思い通りにコントロールしようとするという点で、お局さんと母は、確かに似ている**のだ。

「大和さん、確かにお局さんと母は似ているかもしれません。でも、そのことお局さんが私につらくあたるのと、どう関連しているのですか？」

「先ほど、リトル・ミーのお話をしましたね。私は、幸子さんとお母さんとの間になんらかの出来事があり、幸子さんの中に傷ついたリトル・ミーが生まれてしまったのではないかと考えています。

リトル・ミーは傷の痛みを強く覚えているので、傷が生まれた原因を解消してほしいと、同じような人物や状況を引き寄せてしまっているのではないかと仮定しています」

「幸子さんは、最初に神社で出会ったとき、パート先であれこれ押し付けられたりするのは今回だけのことではないとおっしゃっていましたよね。

それは、**幸子さんの傷ついた〝リトル・ミー〟が癒されずにいて、気づいてほしいとサインを送っているのが原因**だと私は考えています。だから、どこで働いても、まわりの人が変わっても、同じようなことが何度も起こってしまう……。

ですから、**リトル・ミーの存在に気づいて癒してあげれば、お局さんの問題だけでなく、関連する問題も解消されるかもしれませんよ**」

私の中に、傷ついているリトル・ミーがいる。

お局さんとのトラブルは、彼女が悪いのではなく私と母の関係が原因？

驚くことばかりで、理解しようとすると頭がオーバーヒートしそうだ。

私は今日、大和さんから聞いたことを忘れないようにあわててメモした。

幸子の気づきノート

1. 幼少期の記憶が人生の9割を決める。
2. 問題はお局さんにあったのではなく、私と母の関係にありそう。
3. リトル・ミーが、私に〝傷ついている〟とサインを送ってきている。
4. リトル・ミーを癒してあげることで、問題は解消されるかも？

大和さんは、「今日は、驚くことばかりだったでしょう」と微笑んだ。

「次回は、2週間後にまた同じ場所で行いましょう。2回目のセッションを効果的にするために、幸子さんにやってみてほしいことがあります」

宿題1　両親に対する感情を書き出す

「家に帰ったら、**ご両親に対する気持ちを紙に書き出してほしい**のです。

感謝の気持ちや、不満や文句を書いてもいいですよ」

「え、育ててくれた両親に不満なんて……。確かに母は私の人生をたくさん決めていたかもしれません。でも、それも私の将来を心配してくれていたからだと思います」

「そうですね。もちろん、幸子さんが育ててくれたご両親に感謝しているのはわかります。でも、感謝も書きつつ、ここではあえて不満にも目を向けてみてほしいのです」

「私が〝両親に対する感情を書き出す〟ようにお願いすると、幸子さんのように、感謝しか出ないという人がいます。一方で、不満を書き出す人もいます。私は、**不満や文句が出やすい人には、感謝できる側面を見つけてもらう**ようにし、幸子さんのように**感謝しか出てこない人にはあえて、ご両親に対する要望や不満などに目を向けて書き出してください**とお願いしているんです。ぜひ1回やってみて、どのような感情がわいたか、メッセージで知らせてください」

「もし、何かを思い出して怒りの感情がわいたら、〝バカやろう！〟とか、〝ふざけんな〟とか、そんな言葉にして書き出してもいいんですよ」

「親に対して、悪口を書くなんて、バチがあたりそうで……」

「その気持ちはわかります。でも、誰かに見せるわけではありません。気が引けるなら私にも見せていただかなくて大丈夫です。ここでお伝えしたいのは、**子どもにとって完璧なご両親は存在しない**ということです。**誰でも、ご両親に言われて傷ついた言葉や、〝こうされてイヤだった〟ということがある**はずです。そこを書いてみてほしいのです」

「わかりました。やってみます」


私は、それで〝人生の宿題〟が解決できるなら、やってみようと思い、大和さんのオフィスをあとにした。

メッセージのやり取り

大和さん、やってみました！妹ばかり自由だったことや、ほんとうは私立の高校に行きたかったことなど、心の底では不満も抱いていたことがよくわかりました。

大和

お疲れさまでした！書き出していただいたんですね。ありがとうございます。

大和

昔のことは普段、思い出す機会がないので、大変だったでしょう。

大和

また何か思い出すかもしれませんので、次のセッションまでに1日10分でもいいので、ほかに何かなかったか、考えてみてくださいね。

わかりました！次回もよろしくお願いします。

大和

子どものころのイベント、たとえば夏休みとか、運動会、遠足、修学旅行、受験などのときにどんなことがあったかな、と考えると思い出しやすいですよ。

なるほど、わかりました！またやってみます。

セッション2
リトル・ミーを見つけましょう

2回目のセッションの朝。

私はいつもより早く目が覚めた。1回目のセッションを受けたあと、私の中で何かが大きく動き出した気がしたからだ。

これまでに感じたことのない、期待と希望が高まっている。

見覚えのあるドアをノックすると、前回と同じように、笑顔の大和さんがドアを開けてくれた。

「どうぞ、入ってください」

「ソファに座っていてくださいね。今、お茶を用意します」

私は、1回目のセッションと同じ場所に座ると、両親に対する不満を書き出した紙を手にして、すぐにこの2週間の報告をした。

「大和さんに言われた通り、運動会、夏休みなど、子どものころの出来事を考えてみると、いろいろ思い出しました」

大和さんは、お茶をカップに注ぎながら、「そうですか、どんなことを思い出しましたか？」と聞いてきた。

「私、親には感謝しかないと思っていましたが、いろんな思いを抱えていたんだなと気づいたんです。でも、これって悪いことじゃないんですよね?」

「もちろんです。誰でも親に対して、いいことばかりでなく、いろいろな感情を抱えています。そのことに気づくのが大切な一歩なんですよ」

誰でも親に対して、いいことばかりでなく、いろいろな感情を抱えています。そのことに気づくのが大切な一歩

「そうですか、よかった……」

私はホッとして、話し始めた。

「いろいろあるんですが、まず、小学校の低学年のとき、デパートに母と妹で買い物に行きました。そこで、遠足に行くのに、妹は新しい靴を買ってもらったのに、私は、〝あんたはお姉ちゃんなんだからがまんして〟と、買ってもらえなかったんです。このとき、ずるい、エコひいき、なんで私だけダメなの、という気持ちになりました」

大和さんは、黙ってうなずいている。

「それと……、母同士が友人だった同級生の久美子ちゃんと、いつも成績を比べられていました。〝久美子ちゃんはこの間のテストで全教科90点以上だったらしいわよ〟なんて言われるとくやしくて、悲しくて、私が90点を取っても褒めてくれないのに、なんで久美子ちゃんだけ……」

そう言った瞬間、私の中に別の記憶がよみがえった。

あ、テスト！　そうだ！　あのことがあった。

小学校5年生のときだった。

母は90点以下の成績だと「何この点数は⁉」と厳しかった。たとえ80点でもため息をつかれて「どうしてこうなのかね。塾にも行かせているのに」と呆れたように言われる。

私は、決して勉強してないわけではなかった。授業をサボっているわけでも、塾で寝ているわけでもない。家の手伝いをしながらがんばっていた。

それなのに、母は決して「がんばったね」とは言ってくれなかった。

あるとき、苦手な算数のテストで38点を取ってしまったことがあった。

「こんなの見せたら、怒られる……」と私は怖くなり、テスト用紙を机の引き出しの奥に隠したのだ。すると、しばらく経ったある日、学校から帰ると、母が恐ろしい顔つきで玄関に立っていた。手をワナワナと震わせながら、私に向かってあの38点の、くしゃくしゃなテスト用紙を突きつけた。

「見つかっちゃった……」呆然《ぼうぜん》とする私に向かって母は、「これ、いったいどういうこと⁉」と詰め寄ってきた。どうやら、私の部屋の掃除をしていて見つけたらしい。

何も言えずに立ちすくむ私に向かって、母が言った言葉を思い出した。

「なんで、こんなことをするの⁉　親に隠し事をするなんて、お母さん、がっかりだわ。**もう幸子のこと信用できない！**」

この母の言葉を思い出した瞬間、私の目からは涙があふれ、しばらく止めることができなかった。

＊＊＊

静かに見守っていた大和さんが、私が落ち着くと声をかけてきた。

「どうされました？　何かを思い出したのでしょう？」

私は、点数の悪いテストを隠していたこと、母が見つけ、「お母さん、がっかりだわ。もう幸子のこと信用できない！」と言われたことを告げた。

「つらい体験でしたね。でも、思い出せてよかったです。もしかしたら、そのときに幸子さんの中に傷ついたリトル・ミーが生まれたのかもしれませんね」

リトル・ミー、それがどんな存在にせよ、私は過去に、こんなに深く傷ついたことがあったのに、今まで思い出さなかったのが不思議だった。

「大和さん、私、テストのことや母に言われたこと、すっかり忘れていました」

「幸子さん、それは、人間として当然のことです。いつもつらい思い出が頭にあったら、苦しくて生きていけないじゃないですか。

心の痛みが深ければ深いほど、その出来事は、胸の奥にしまいこまれるものなのです。幸子さんは、これまで、たくさんがまんしてきましたよね。悲しいことやつらいことを必死にがまんすると、感情がどんどんマヒします。**前回の宿題で、両親に対して感情を書き出してもらったのは、幸子さんが、うれしいこと、楽しいことだけでなく、さまざまな感情を持っているのを思い出していただきたかったから**です」

そうだったのか。

でも、つらいことを思い出して、どう人生がよくなっていくのだろう。

そう思った私の心を読みとったかのように、大和さんは話を続けた。

「たとえ、**嫌いや、悲しみ、苦しみという感情でも、思い出すことで、マヒしていたすべての感情が動き出します。すると、その流れから好きや喜びなどのほかの感情も見えてくるようになる**のです」

「たとえば、幸子さんは、お母さんに〝お母さん、がっかりだわ。もう幸子のこと信用できない！〟と言われて、とても悲しくつらかったですよね。
では、なぜ、悲しいと感じたのでしょう？」

「そうですね。もう信じてもらえないのがショックだったのと、私の存在を否定された気になったからでしょうか……」

「なるほど。では、反対に、そのときの幸子さんはお母さんにどうしてほしかったと思いますか？」

「テストで悪い点を取ったときでも、優しくしてほしかった」

「つまり、お母さんに、〝いい成績を取ったから〟という**条件付きじゃなく、そのままの自分を愛してほしかった**のですね」

愛してほしい？　そのままの自分を？

私は、頭をハンマーで殴られたようなショックを受けた。

私と母は家族なのだから、そもそも愛情が根底にあるのではないの？

自分の子どもなのだから、そのままで愛されているのではないの？

でも、認めるのに抵抗はあるけれど、もしかしたら、大和さんの言う通りかもしれない。私は母が、私のことを「愛している」という証《あかし》を求めていて、愛してもらえないとがっかりしていたのかもしれない。

私はショックでしばらく呆然としていた。


大和さんはまた、静かに話し始めた。

「お母さんに、〝お母さん、がっかりだわ。もう幸子のこと信用できない!〟と言われたとき、幸子さんの中に傷ついたリトル・ミーが生まれたのでしょう。

そして、二度と同じ目にあわないように、つまり、ひどく怒られないように、勉強もお手伝いも、人一倍がんばる〝いい子〟になったのですね。

お母さんに嫌われないようにしようと思うあまり、自分の気持ちを抑えるクセがつき、NOと言わないように、感情や意見を表に出さないようにな った可能性が考えられます」

そうか、私にはそんなリトル・ミーがいたんだ。

なんだか話を聞いていると、そんなに**傷ついている自分がいるなら、放っておいてはいけない**と思えてきた。

少しの間を置き、「実は、私も28歳までは、まさに幸子さんのような人生を歩んでいました」と大和さんは窓の外を見つめた。

「私の父は厳しい人で、母とのケンカが絶えませんでした。私は、母が泣いている背中を見て育ったようなものです。まだ、5歳くらいのとき、両親のケンカを止めようとした私は、父に引っ叩《たた》かれました。ひどい話ですよね。そのときから、私は父が大嫌いになったのです」

「母は、いつも私に〝お父さんのようにならないでね〟と言っていました。でも、私が何か悪いことをすると〝お父さんに似てきたね〟と言うんです。大好きな母から大嫌いな父に似ていると言われる。こんなにショックなことはありません。今から思えば、そのとき、私の中に傷ついたリトル・ミーが生まれたのでしょうね。それ以来、私のリトル・ミーは、二度と傷つかないよう、〝お父さんに似ている〟と言われないような〝いい子〟になると決めたのです。私は、思春期にも母に反抗することなく、常に〝母親軸〟で行動していました。**〝母親軸〟とは、いつも〝これをしたら、お母さんはどう**

思うだろう〟と気にして、すべて母の基準に合わせて、母が気に入るように振る舞っていたということです」

ああ、大和さんもそうだったんだ。

母の意見に影響を受けていたのは、私だけじゃなかったんだ。

私は少しホッとした。

「3年間、うつ病の母の介護をしたあと、私は、自分と同じように悩む人の助けになりたいと、心理カウンセラーになると決めます。もしかしたら、人生で初めて、自分で大きな決断をした瞬間だったかもしれません。

ところが、母にそのことを話すと〝心理カウンセラーって何？　あなたは安定した仕事をして、私を安心させてほしい〟と言われたのです」

「以前の私だったら、もしかしたらそこで自分の夢をあきらめていたかもしれません。でも、そのときの私は、人の心の勉強をし始め、自分が母親軸で生きてきたことに気づいていました。そして、自分の中の傷ついたリトル・ミーを癒してあげていたのです。

そうして私の心が変わったからこそ、生まれて初めて母の言うことに対し、〝なんで、俺の夢を応援するって、言ってくれないの?〟と**母に反発できました**。それが私の初めての、母に対する反抗でした。28歳の、遅い反抗期でしたが、そこから私の人生は大きく変わっていきました」

「リトル・ミーというのは、私たちの心の一部です。傷ついたリトル・ミーがいたら、癒してあげると心が変わります。心が変わると、不思議なことに、現実も変化してくるのです」

大和さんは、そう言って微笑んだ。

まだ半信半疑だが、目の前にいる大和さんは、私よりもはるかに幸せそうだ。私もリトル・ミーを癒せば、そうなれるのだろうか。

私は考え込みながらも、メモをとり始めた。

幸子の気づきノート

1．つらい、苦しいも大切な感情の1つ。
2．私は母に無条件に愛されたかった。
3．傷ついたリトル・ミーを癒してあげると、心が変わり現実も変わる。

「大和さん、私のリトル・ミーは、どうやったら癒せるのでしょうか？」

「幸子さん、その方法は次回のセッションでお伝えしますね。

幸子さんは、傷ついたリトル・ミーがいたからこそ、これまで、ほかの人の分まであれこれ引き受けてがんばっていました。たくさんの荷物を背負い込んで忙しく、自分の感情にフタをしてしまっていたのです。

〝自分ががんばればなんとかなる〟、そう考えて一生懸命な幸子さん自身が、すでに傷だらけだった。そのことに気づいていただいただけで、今日は十分ですよ。ここから幸子さんの心は大きく変わっていきます」

大和さんの温かい言葉に、涙がこぼれそうになった。

私は、あわててメモをとるフリをした。

気持ちを落ち着けようと深呼吸すると、優しいアロマの香りに気がついた。

「今日はよく頑張ってくださいました。勇気を出していただいた幸子さんにぜひ、やってみていただきたいことがあります」

「毎日、何度か、〝**私はよくがんばっていた**〟**と、自分にいたわりの言葉をかけてあげてほしい**のです。声に出しても、心の中ででも構いません。一度に10回くらい、唱えてみてください。言葉は、自分が聞いて、心地いいようにアレンジしていただいて大丈夫です。〝よく、がんばってるね〟〝今日もがんばったね〟〝これまでがんばってきたね〟などでもいいでしょう」

「特に効果的なのが、お風呂に入りながら自分を抱きしめるようにギュッとハグしながら唱えることです。好きな香りのアロマを焚《た》いたりすると、よりリラックスできて効果的ですよ。腕や肩をトントンと叩いたり、さすったりするのもいいですね。これは『**セルフハグ**』と言って、科学的にも心をおだやかにし、幸せな気持ちになれるホルモンの分泌を促すと言われています。ここで、試しに1回やってみましょうか」

大和さんに言われ、私は自分をハグしながら「私はよくがんばっていた」とつぶやいた。その瞬間、驚いたことに涙があふれて抑えきれなくなった。

誰もわかってくれなかったけど、私は、よくがんばってきたんだ。

そう思うと、ますます泣けてきた。

「幸子さん、**泣けるのはいいことですよ。心が反応して、感情を取り戻せているる証拠です**。今、幸子さんのリトル・ミーが、気づいてくれたって喜んでいるはずです」

大和さんの言葉に背中を押され、私はその場で10分ほど泣き続けた。

涙がおさまると、やけにスッキリした気分になった。

「毎日、続けてみてくださいね。

そして次回までに、幸子さんにやってみてほしいことがあります」

宿題2　罪悪感を抱く行動をとってみる

「それは、〝**罪悪感を感じる行動をとる**〟ことです」

罪悪感？　何か悪いことでもしろというのだろうか。

「大和さん、私はいったい、何をすればいいのでしょう？」

「ははは、社会的に悪いことをしろと言っているわけではありません。幸子さんが**これまで〝こうすべき〟だと考えていたことと、反対のことをしてみてほしい**のです。たとえば幸子さんは、これまでパート先で急に、〝今日、代わりに入ってくれない？〟と言われたら、どうしていましたか？」

「はい、よほどのことがない限り、引き受けていましたね。そのぶん、あわてて家のことを片付けなければなりませんでしたが」

「もし、次のセッションまでに、また、〝代わりに出てくれない？〟と言われたら、今回は、〝用事があって無理です〟と断ってみてほしいのです。

実際には用事がなくても断ってみてください。お局さんに指示された仕事を、〝手が離せません〟と断るのもいいですね」

「もしくは、こんなことでもいいでしょう。幸子さんは、毎日、ご飯を手作りしていますか？」

「はい、子どもたちと夫のぶんは、必ず用意しています」

「ご飯作りをサボってみることはできそうですか？　お惣菜《そうざい》を買ってくるのでも、宅配サービスを頼むのでもいいので、〝今日は忙しかったから〟と、料理をやめてみてください」

なるほど、それくらいならできそうだ。

「わかりました、やってみます！」

私は、帰り道にさっそく「私はよくがんばってきた」とつぶやきながら駅に向かった。

セッション3　リトル・ミーを癒しましょう

今日は「3回目のセッション」だ。そう思うと、不思議と明るい気分になり、夫や子どもたちを笑顔で送り出すことができた。

なんだか少しずつ、心が変化している気がする。

大和さんのオフィスには、10分ほど早めに到着した。

それでも大和さんは、いつものように、笑顔で迎え入れてくれた。


私はこの2週間で起きたことを話したくてたまらなかった。

「大和さん、私、お局さんに〝あのお客さんのオーダー取って〟と言われたとき、〝すみません、今、手が離せません〟と断ることができたんです！」

「そうでしたか、すばらしい。どんな気持ちでしたか？」

「ちょっぴり罪悪感はありましたが、自分もやればできる！　という誇らしい気持ちでした」

「それはよかった。ほかにはは何か、やってみましたか？」

「はい、長男と2人で宅配サービスでご飯を頼みました。息子はけっこう喜んで、メニューを選ぶのも楽しかったです。

夫も、〝今はこんなのがあるんだ〟と喜んで食べていたので、なんだか私が今まで必死で毎日ご飯作っていたのはなんだったんだろう、と思っちゃいました」

「ははは、そうだったんですね。うまくいったようでよかったです。〝セルフハグ〟は続けていますか？」

「はい、私、ヒマさえあれば心の中で、〝私はよくがんばってきた〟と言っています。そして、毎日、お風呂で自分をハグすると、心がとても落ち着くんです。涙が出るときもあります。その効果もあって、思い切って〝罪悪感を抱く行動〟ができたのかもしれませんね」

「幸子さん、少しずつ、抱え込んでいた荷物を下ろせるようになってきましたね。では、今日は、もう一歩踏み込んで、いよいよお母さんに対する葛藤を解消して、リトル・ミーを癒す段階に進みましょう」

「幸子さんは、お母さんとの思い出で、一番つらかったのは、やはり隠していたテストが見つかったときのことですか？」

大和さんのこの言葉で、3回目のセッションがスタートした。

「そうですね、〝お母さん、がっかりだわ。もう幸子のこと信用できない！〟という言葉が、やはり一番傷ついたと思います」

「わかりました。では、今日は、〝**エンプティチェア**〟というやり方で、幸子さんの心に残るわだかまりを解消して、リトル・ミーを癒していきましょう。そして同時に、**幸子さんの心が傷ついたときの、お母さんの気持ちを探っていきましょう**」

「〝エンプティチェア〟は、2つの椅子を使って行います。

幸子さんは、いつものソファに座っていてください。そして、もう1つ、この椅子は、お母さんの椅子です。

まず、幸子さんはそのソファに座って、お母さんに、〝お母さん、がっかりだわ。もう幸子のこと信用できない！〟と言われたときの気持ちを、ありのままお母さんに訴えてください」

「ここには、幸子さんと私しかいません。〝バカやろう〟でも、〝あんたなんか親じゃない〟でもなんでも構いません。遠慮せずに、思いついたことはそのまま言って大丈夫ですよ。最初は恥ずかしいかもしれませんが、つらかった気持ちを思いっきり吐き出していきましょう」

「次に、幸子さんは、お母さんの椅子に座ります。そして、お母さんになったつもりで、〝お母さん、がっかりだわ。もう幸子のこと信用できない！〟と言ったときの気持ちを、幸子さんに説明してあげてください。**あくまでも幸子さんの想像で構いません**」

「私は、こちらで見守っています。幸子さんの気がすむまで、30分でも、1時間でも、幸子さんとお母さんの役を繰り返しましょう」

大和さんの前で、お母さんに文句言うなんて。緊張して手が震えてきた。でも、今私は、とても大切な段階にいると感じた。

私はソファに座ったままスタートした。

小学校5年生のときの幸子①

「お母さん、私が小学校5年生のとき、すごく怒ったこと、覚えている？私が、点数の悪いテストを引き出しの奥に隠していたときだよ」

「お母さん、テストの点数が90点以上じゃないと、いつも、〝何、この点数？〟って厳しかったよね。80点取ってもため息をつかれてたから、私、だんだん悪い点のテストを見せるのが怖くなってきてたんだ」

「私が、算数、苦手だったのは、お母さんも知っているよね。でも、さすがに38点だったときは、私もショックだった。テストの範囲を間違えちゃってたんだ。でも、それ以上に怖かったのが、お母さんになんて言われるかだったんだ。お母さんに見せたら、どれだけ怒られるだろうと思ったら、心臓がバクバクして止まらなかった」

「家に帰る途中もずっと、〝どうしよう、なんて言おう〟とパニックになりそうだった。それで、家に着いて、ランドセルからテストが出てきて焦ってしまって、思わず引き出しの奥に突っ込んじゃったんだよね」

「テスト隠しちゃったのは悪かったけど、でも、〝お母さん、がっかりだわ。もう幸子のこと信用できない！〟っていうのはひどすぎない⁉　それ、自分のかわいい子どもに向かって言う言葉かな⁉　小学校5年生の子どもが、お母さんからそんなこと言われたらどれだけ傷つくか、わからなかったの？」

私はとにかく、自分がひどく傷ついたことを母に伝えたかった。

そして、次に母の椅子に座る。

幸子が小学校5年生のときの母①

「そう言えば、そんなこともあったね。言われてみれば、私は幸子に厳しかったかもしれないね。お母さんは中学までしか出ていなくて、親の決めた人と結婚した。幸子と妹の陽子という2人の子どもに恵まれて幸せだったけど、ときどき、自分がもっと勉強ができたら、違う人生を歩めたのかなと思うことがあったのよ」

「幸子はなんでも一生懸命にやるし、しっかりしているから、がんばっていい成績を取ってほしかった。だから、わざと久美子ちゃんと比べたり、90点以下だと、これで満足しないでほしいと思って厳しくしていたんだよ」

「幸子に比べて、妹の陽子は、親の見ているときだけ、勉強しているフリをするようなちゃっかりした子だった。だから、私は、幸子に期待していたし、がんばってほしかったんだ」

「〝お母さん、がっかりだわ。もう幸子のこと信用できない！〟って言ったのは悪かったね。でもね、お母さんが怒ったのは、テストの点数が悪かったことじゃない、期待していた子が、〝テストを隠す〟なんて卑怯《ひきょう》なことをしたのが、お母さんはショックだったんだよ」

「まだ小学生なのに、テストを隠すなんてことを覚えたら、この先、どうなってしまうのだろう。親に内緒で、悪いことをしたり非行に走ったりするようになったらどうしようと、私も怖かった。だから、つい言ってしまったんだ、幸子にとってはショックだったよね、ゴメンね」

小学校5年生のときの幸子②

「そっか、お母さんは、点数が悪かったことじゃなくて、隠したことを怒っていたんだ……。私は悪い点だったことを怒っていたのかと思っていた」

「でもね、テストを見つけたとき、ほかにいくらでも言い方はあったでしょう？　私のこと、応援してくれていたなら、〝今回は、残念だったね〟〝次、がんばろうね〟とか、励ましてくれてもよかったじゃない」

「いつも久美子ちゃんと比べられたり、１００点じゃないと喜んでもらえなかったりしたから、私はお母さんに喜んでもらおうと必死だったんだよ」

「テストを隠したのは、申し訳なかった。でも、お母さんが怖かったし、何よりも、テストを隠せば、お母さんの求める〝成績のいい子ども〟でいられて、嫌われずにすむと思っていたんだよ」

「小学校5年生だったから、それぐらいしか思いつかなかった。私は、お母さんに認めてほしかった、愛されたかった。だから、点数が悪いことじゃなくて、テストを隠したことがショックだったなら、そう言ってほしかった!!」


私の心は、小学校5年生の「あのとき」に戻っていた。

そのころの私が感じていた気持ちを、あらためて言葉にして吐き出すと、涙があふれて止まらなくなった。私は、小学校5年生の「あのとき」にしたかったように、しばらく泣き続けた。

大和さんは、黙って見守っていた。


しばらくしてやっと気持ちが落ち着いて、母の椅子に座ることができた。

幸子が小学校5年生のときの母②

「そうだね、ごめんね。幸子はまだ小学校5年生だったから、説明しても、わからないだろうと思ってた」

「私もまだ、そのときは30歳そこそこ。幸子が最初の子どもで、どうしたらいいかわからないところもたくさんあった。まして、私の両親、つまり幸子のおじいちゃん、おばあちゃんは、昭和の初期生まれ。〝子どもはとにかく厳しく育てる〟という方針で、よく定規で叩かれたもんだよ」

「あまりほめられたことも、励まされたこともなかったから、子どもは甘やかしたらいけないと思っていたんだ」

小学校5年生のときの幸子③

「そうか、お母さんはそのとき30歳そこそこか。今の私よりも15歳近く若かったんだね。私だっていまだに、子どもたちをどう扱っていいのか悩んでる。パートでお局さんに文句言われた日は、イライラして子どもにあたることもあるし……。お母さんも、大変だったんだね」

「そういえば、お母さんのお父さんは、特に厳しかったのを覚えてる。みんな、おじいちゃんが部屋に入ってくるとシーンとなってたもんね」


ここまで話したら、あのときの母の気持ちが少しわかった気がした。

母もいろいろ悩み、考えた末にあの発言になったのだ。

今の私よりもうんと若かった母が、**母なりに一生懸命、子どもに幸せになってほしいと考えて試行錯誤していたのかもしれない。**

また、母が育った時代や環境を考えると、私が期待するように振る舞ってくれないのも無理はないと思えてきた。厳しかった父親に「甘やかさないように」育てられて、母にも傷ついたリトル・ミーがいたのかもしれない。

それに、何より、私は嫌われていたわけじゃなかったんだ。

そう思えたことで、安心できたのか、涙がまた、ほほを伝って落ちた。

＊＊＊

黙って見守ってくれていた大和さんがここで口を開いた。

「幸子さん、お疲れさまでした。初めて行うエンプティチェアなのにずいぶんうまくできましたね。すばらしかったです。

このワークは、今の幸子さんに、当時の幸子さんの気持ちと、当時のお母さんの気持ちを疑似体験してもらうためのものです。

もちろん、当時の幸子さんの記憶もその通りかどうかはわかりませんよね。ましてや、当時のお母さんの気持ちなんてまったく違うかもしれません。

だけど、それでいいんです」

「**お母さんが、実際にどう思っていたかは大事ではありません。**

今の幸子さんが、自分のリトル・ミーが生まれるきっかけになったお母さんの気持ちになってみることが大事なことなんです。それによって〝お母さんも仕方なかったんだな〟〝わざと傷つけたわけではないんだな〟と客観視できたら大成功！」

「**これは、自分で自分の過去の記憶を再構築する作業でもあります。**それが、心に残るわだかまりを解消して、傷ついたリトル・ミーを癒すことができる効果的な方法なんです。これによって、幸子さんのリトル・ミーも、お母さんの気持ちがわかって癒されていくはずです」

やっと涙がおさまり、気持ちが落ち着いてきた。

そのタイミングで大和さんは、私が考えてもみなかったことを聞いてきた。

「**幸子さんは、お母さんとお父さんがどうやって出会って結婚されたか、ご存じですか？**」

「え、母と父の出会いですか？　う〜ん、お見合いではないということは知っていますが……。詳しくは聞いたことないですね」

「ご両親がどうやって出会って、どんなデートをして、どんな言葉でプロポーズしたか。ほとんどの方は知らないと言います。**どうしてだと思いますか？**　これが、幸子さんの親友だったら、どうでしょう？」

「そうですね、〝どこで出会ったの？〟〝なんてプロポーズされたの？〟って、聞きまくるでしょうね」

「そうですよね。私がここで言いたいのは、実は、**子どもたちは、それほど自分の親に関心を持っていない**ということです」

私はここで、激しい衝撃を受けた。

確かにそうだ、大和さんの言う通り、私は母に〝母親〟としての役割ばかり求めていて、人としてコミュニケーションを取ろうとはしていなかった。

「よく考えてみたら、毎日、会話をしているようで、実は、母とも〝宿題やったの？〟〝終わらせたよ〟とか、〝ご飯できたわよ〟〝わかった〟とか、必要最低限のことしか話してこなかった気がします」

「そうなんですよ。家族として何十年も一緒に暮らしながら、実は、ご両親のことをよく知らなかったと気づく人はたくさんいます。

子どもから見れば親は絶対的な存在で、完璧な人間に見えるかもしれません。でも、先ほど幸子さんが気づいたように、**親だって決して完璧なわけで**

はなく、1人の人間です。疲れているときだってあるでしょうし、子どもたちの知らないところでつらい目にあっていることだってあるでしょう。

そう思えば、〝あのとき、お母さんも仕方なかったんだな〟と理解して、少しでも許せるようになるのです」

私は、今の気持ちを忘れないように、メモをとった。

幸子の気づきノート

1. お互いに誤解やズレがあったのかもしれない。
2. お母さんも完璧な人間ではない。
3. 私は愛されていたからこそ怒られた。

「そういえば、幸子さんは神社で、最近、ご家族が自分に無関心だとおっしゃっていませんでしたか?」

「そうですね、夫は何か相談しても上の空ですし、子どもたちとも、必要なこと以外の会話はあまりありません」

「幸子さん、それって何か、似ていると思いませんか？」

私はここで、またもやショックを受けた。大和さんと話をしていると、思ってもみなかったことばかりに気づかされる……。

「確かに……。**夫や子どもたちの私に対する態度は、過去に私が自分の両親にしていたのと、同じなのですね**」

「そうですね。**家族に対するスタンスは、自分がしていたことや、されていたことを、新しい家族になっても無意識に再現しがち**です。

でも今日、幸子さんは、お母さんに〝母としての役割〟を求めていて、それ以外には無関心だったことに気づきましたよね。幸子さんの心が変わったことで、もしかしたら、なんらかの変化があるかもしれませんね」

大和さんは微笑んだ。

大和さんの笑顔が、今日はもうそろそろ終わりというサインだった。

「このタイミングで、幸子さんの気持ちを一度整理しましょう」

宿題3　両親に手紙を書いてみる

「今、お母さんに対して、いろいろな気持ちがわいてきていると思います。**家に帰ったら、お母さんに宛てて、幸子さんの気持ちを綴《つづ》った手紙を書いてみてください**。今日、ここで話をした内容でもいいですし、それ以外にまだ言い足りないことがあったら、書いてみてもいいでしょう。さらに、育ててもらった感謝など、これまで伝えていなかったことを書くのもいいですね。とにかく、思いついたことを洗いざらい書き出してみてください」

「すべて書き出したら、完成です。でも、書き出し終えてみると、その思いを相手に伝えてみたい、と思うことがあるかもしれません。

気持ちの整理ができて、**幸子さんがそうしてみたいと思うならば、手紙の内容をお母さんに伝えてみるのもいいでしょう**。

その場合は、決して、無理して話そうとしないでくださいね。タイミングも無理のないときがいいでしょう。お正月やお盆に実家に帰るときや、もし、お母さんがこちらに来られる機会があれば、そのときなどもおすすめです」

「幸子さんのリトル・ミーは、今の段階で、かなり癒されてきています。次にお会いするのは半年後にしましょうか。それまでは、前回のセッションの宿題の〝罪悪感を抱く行動〟にチャレンジしたり、〝私はよくがんばっている〟とつぶやいたりして、セルフハグを続けてみてください。もちろん、わからないことはいつでも聞いてください。また、もし、半年後までにお母さんに気持ちを伝えることができたら、連絡をくださいね」

セッションがここでいったん終わってしまい、大和さんに半年も会えないのはさみしい気持ちになった。

でも、3回のセッションで、私の心は大きく変わってきたと感じている。

よし、家に帰って母に、手紙を書いてみよう。

母への告白

母への手紙は、便箋《びんせん》10枚にもなった。何度も気持ちを整理して書き直していたら、むしょうに母に手紙を渡して、気持ちを伝えたくなっていた。

私はいつ母に伝えるチャンスが来てもいいように、常に手紙を持ち歩いていた。

＊＊＊

3回目のセッションが終わってからしばらくは、おだやかな日が続いた。

4ヶ月ほど経ったある日、母から、「お父さんが急に倒れたの！」と連絡があった。

「この前の健康診断で、なんの問題もないと言われたばかりなのに……。お医者さんには〝脳の血管に問題があるようだから、ここ数日が山場だ〟と言われたわ」

動転して泣き崩れる母に私は、「すぐ行くから待ってて」と伝え、電話を切った。


実家に行くのはひさしぶりだった。

子どもたちが幼いころは、毎年、年末を父や母と揃って過ごしていた。でも最近は、なんだかんだと理由をつけて、数年に1回、帰るのみだった。

新幹線から見える風景を懐かしく思いながら、私はもしかして〝そのとき〟が来るかもしれないと、母への手紙を握りしめた。


駅から病院に直行すると、病室の雰囲気は思いのほかおだやかだった。

どうやら父は峠を越えたようだ。

私の顔を見たとたん安心したのか、母は、「もう、どうなることかと思って寝られなかったのよ」と、力なく微笑んだ。

私たちを見て、「今日はとりあえず大丈夫そうなので、家に帰って少し休んでください」と看護師さんが言ってくれたので、私は母に、「私が運転して家まで送っていくよ」と言い、ひとまず病院をあとにした。

母を助手席に乗せて運転中、私は、父だけでなく母もいつ、どうなるかわからないと、しみじみ実感した。

そして、今、家に着いたら伝えるしかない、と決意が固まった。

実家に着いて、ドアを開け、これからやることを考えると、緊張で喉がカラカラになる。

母を椅子に座らせて、水を一口、ゴクッと飲んで、私は話し始めた。

「ねえ、お母さん、こんなときに話すのもなんだけど、私が小学校5年生のとき、机の引き出しにテストを隠していたのを覚えてる？」

「え？　ああ、そんなこともあったね」

「あのとき、〝お母さん、がっかりだわ。もう幸子のこと信用できない！〟って言われて、私、すっごく傷ついたんだ……」

この、たった一言を告げただけで、私は心にのしかかっていた大きな重荷を下ろせた気がした。

「……そう、悪かったね。よく覚えているよ。

実は私もあの日の夜、〝幸子になんてひどいこと言っちゃったんだろう〟って、お風呂に入って泣いてたんだよ。

いつかちゃんと謝ろうと思っていたけれど、あれほど怒った手前、なかなか言い出せないまま、こんなに時間が経ってしまったね。ごめんね」

母のこの一言を聞いた瞬間、私の目から涙があふれ出てきた。

母は、静かに話を続けた。

「お調子者の陽子と違って、あんたはまじめに努力する子だった。だからついつい厳しくしてしまったけど、私の思った通り、しっかり家庭を築いて幸せに暮らしているね」

「お母さん！」私は泣きながら、思わず母に抱きついた。

小学校5年生だった幸子がやりたかったように。

私は母に、手紙に書いた感謝の言葉も伝えたかった。でも、涙が止まらずなかなか言葉にならない。

やっと言えた一言が、「……お母さん……、私たちを育ててくれてありがとう！」だった。

母は、黙って何度もうなずきながら、私の背中をさすってくれた。「ごめんね。ごめんね」と言いながら、母の目からも涙があふれ出ていた。

母もこんなに、つらかったんだ。苦しかったんだ。

メッセージのやり取り

大和さん、お久しぶりです！実は母に私の思いをきちんと伝えることができました！

大和

幸子さん、ついに伝えられたんですね！

大和

今はどんな気持ちですか？

心の重荷が下りて、なんだか晴れやかな気分です。

母との距離も縮まって、昔からの親友のように話ができるようになりました。

大和

それはすばらしい！そのときの気持ちは、実際に会ったときにお話を聞かせてくださいね。

最後のセッション

「幸子さん、おめでとうございます！」

半年ぶりに会った大和さんの最初の一言だ。

「お母さんに伝えることができたんですね。その後、どうですか？」

「はい、実家で母に思いを伝えたあと、私、病室や家で両親といろいろな話をしました」

「それはよかった。どんな話をされたのでしょう？」

「私、数日かけて、両親の出会いやデートした場所なんかを詳しく聞いてみました」

「いいですね、何かわかりましたか？」

「2人とも、〝何を今さら……〟って照れくさがっていましたが、親同士が知り合いだったとか、デートで一緒に夕日を見に行ったとかわかって、〝親も私たちと同じ、人間なんだな〟と身近に感じました」

「うんうん、いいですね」

「また、今回は回復しましたが、父ももう歳だし、いつどうなるかわからないでしょう。ですから父にも、〝これまで育ててくれて、ありがとう！〟と伝えたんです」

「すばらしい。お父さんはどうでしたか？」

「はい、〝そんなこと、言ってもらえると思わなかった。病気になってよかった〟なんて、おどけながら涙ぐんでいました」

「それはよかった」

「それで、わかったのが、父は、母が口うるさいので、自分がさらに子どもに何か言ったらかわいそうだと思って、見守っていてくれたらしいんです。

私は、単に〝父は子育てに無関心で、愛情がない〟と思っていましたが、父も、私のことを気にかけてくれていたんだなとわかりました。

それで、なんだかリトル・ミーが喜んでいる気がしました」

「そうでしたか。今回のことで幸子さんは、ご両親と心理的な和解ができたようですね」

「それと大和さん、不思議なんですよ。母に私の思いを伝えて抱き合って泣いたときから、私のリトル・ミーが癒されたのでしょうか。

お局さんのことがまったく気にならなくなったんです。

あれほど悩んでいたのに、ほんとうに奇跡のようです。こちらが気にしなくなったせいなのか、私が頼まれても断れるようになったせいなのか、なんなのかわからないのですが……。お局さんも以前とは違い、ムリを言わないようになりました」

「それは、すばらしい！　**ついにそもそもの悩みが解消できましたね**」

「はい、子どもたちにも〝お母さん、なんだか変わったね〟と言われて、最近はよく話をするようになりました。

夫も私のことを、〝なんだか最近、楽しそうだね〟と言って、自分から話しかけてくれるんです。**リトル・ミーに気づいて癒してあげただけで、こん**

なに人生、変わるものなのですね」


「私、大和さんとのセッションで、自分の人生、母に影響を受けてばかりだと気づいたでしょう。あのときは、とてもショックだったんです。

でもだんだん、それはそれで、よかったと思えるようになってきました。

夫はそもそもまじめで優しい人。そんな夫とかわいい子ども2人に恵まれて、何不自由なく暮らしていける生活に感謝しています」

「神社で最初に大和さんと出会ったときは、私のまわりは、重苦しい灰色の世界でした。それが、大げさでなく、今は色が目に飛び込んでくるような力ラフルで楽しい世界に変わったんです」

ここで、私は今日、セッションに来る前にあったことを思い出した。

「あ、そういえば、今日ここに来るときに、しゃがんで泣いている女の子がいたんです」

「近くに寄ったら、ケガはしていなかったようなので、〝痛くないよ〟〝大丈夫だよ〟って話しかけていたら、泣き止んで笑顔になって走っていきました。なんとなく、私のリトル・ミーも、あんな感じだったのかなと思っちゃいました」

「それは、まさに、幸子さんのリトル・ミーの象徴でしょう。心理学的に言うと、幸子さんの心が投影された現象だと言えます。

幸子さんの心が、ほんとうに笑顔になったんです！

幸子さんの、大きな〝人生の宿題〟は、解決できましたね。これで、自分らしく生きられるようになりますね。あらためて、おめでとうございます！」

「大和さんには、なんとお礼をすればいいか……。ほんとうにありがとうございました」

「大丈夫ですよ。幸子さんの体験談、これからどんどん、私のお客さんに伝えさせていただきますね」

私は、これでほんとうに大和さんと、セッションでは会えなくなるかと思うと名残惜しかった。

でも、笑顔の大和さんに見送られて、晴れやかな気持ちで家に向かった。

ある日の夢

しばらく経ったある日のこと。

朝方の、ぼんやり意識が残る時間。

私の脳裏に、小学校5年生の私と母が映し出された。


私が家に着いたところを待ち構えていた母は、38点のテストを握りしめ、怒りにまかせて、「お母さん、がっかりだわ。もう幸子のこと信用できない！」と叫んでいた。

呆然とする私を置いて、キッチンに行った母は、「いったい、なんてことを言ってしまったのかしら……」と青ざめていた。

その夜、母が言っていたように、そこに映し出された母は、お風呂に入りながら、「自分はなんて、ダメな母親なんだろう。幸子、ごめんね」と言って泣いていた。

母は、自分も成績が悪かったとき、父親に固い床の上で何時間も正座させられていたことを思い出していた。

母が思い出していたのは、自分が子どものころに正座させられて、寒いし、足はしびれるし、どうしてちょっと成績が悪いくらいでこんなことされるのかと、悲しくて仕方がなかった記憶だった。

母は、「あのとき、こんな親にはならないと誓ったはずなのに、自分も娘を同じように傷つけてしまった」と、お風呂で泣き続けていた。

私は、頭の中の映像を見ながら、胸が苦しくなった。

母親も、悩み苦しむこともある1人の人間であり、完璧な人間なんかじゃなかった。

でも、子どもは親を「完璧」だと思いがちだ。

「そんなわけないよね。私に言った言葉は確かにひどかったけど、親だからといって完璧な人なんていないもの。許してあげなきゃな」

夢の映像を見ながら、そう思う自分がいた。

これは夢だとわかっているのに、1つ、感情の整理ができた気がする。

母の姿が消えると、次に映し出されたのは、父の姿だった。

職場の仲間と、居酒屋にいる。

同僚が、「娘さん、結婚が決まったんですってね、おめでとう！」と、父に乾杯をしている。あ、これは、私と夫の結婚のことかしら。

すると父は、「あんなに小さかった娘が、もう嫁に行ってしまうなんて信じられないよ……。今日は飲まずにはいられないね」と言いながらビールを一気飲みした。

えっ、あんな無口で無愛想な父が？

私の前ではそんな素ぶりなんて見せたことなかったのに。

父は、私が結婚するのが、そんなに寂しかったんだ。

「幸子はほんとうに、品があってキレイだし、小さいころから家の手伝いもしっかりやってくれて、自慢の娘に育ってくれた。結婚相手もいい男だけど、やっぱり娘の結婚はつらいもんだなぁ……」

そう言って父は「ウワーン」と人前にもかかわらず泣き出してしまった。

同僚たちも、「今日はたくさん飲んで、たくさん泣いて、つらいことを吹っ飛ばしてしまいましょう」と父を盛り立てていた。

父はずっと泣いていて、見たこともないほど酔い潰れながら、「さちこ、さちこ」と言っている。

家では寡黙な父が、こんなにも私のことを愛してくれていたなんて……。

夢だとわかっているのに、私は涙が出てくるのを抑えられなかった。

また、場面が変わって映し出されたのは、結婚したばかりの父と母の姿だ。

初めての子どもを授かったことを、神社に報告している。

あ、これは私のことだ。

そして次に、父と母は、自宅のテーブルに向かい「名前を何にしよう？」と、真剣に相談している。

そして、本を読んだり画数を調べたり、神社に相談に行ったりしながら、何日も考えている。

最終的に父が、「やはり、大事な娘には、いくつになっても〝幸せ〟でいてほしいから、〝幸子〟にしよう」と言って決まった。


私は「幸子」という名前は、平凡であまり好きではなかった。

自分の名前の由来なんて聞いたこともなかった。

でも、私の名前には、2人のそんな願いが込められていたんだ。

私は、ずっと2人の愛を求めていたけれど、最初から愛されていたんだ。


私の目には、涙が浮かび、映像がぼやけて見えた。

両親だけでなく、私は自分の家族も愛しているし、愛されている。
夢の中だけどそう感じて、私は今すぐ、自分の子どもや夫にも愛を伝えたくなった。
私は幸子。「〝幸せ〟な子」と書く。
名前通りに〝幸せ〟な人生を送っていこうと思う。これからは。

幸子のリトル・ミーを癒す物語はどうでしたか?

次は、あなたのリトル・ミーを癒す番です。

次のページから、この物語で行われたワークや心の仕組みの解説を記します。

この本は、私のもとにいただく「救われました」の声とその実話を元に構成しています。解説でもできるかぎりたくさんの体験談を掲載しました。幸子のように、傷ついたリトル・ミーを見つけるためには、自分の中にあるさまざまな過去の記憶をさかのぼる必要があります。ほかの人の体験談に触れることで、あなたの記憶も触発されて、動き出していくでしょう。

本書の中では「両親」「親」という言葉を使いますが、ここで言う「両親」「親」は「血縁関係にある親」だけではありません。兄弟姉妹、祖父母、育ての親、学校の先生……など、あなたに強い影響力を持つ人であれば、誰でもその対象となりえます。

本書が、あなたの傷ついたリトル・ミーの存在に気がつき、癒されるきっかけになりましたら幸いです。

Ⅱ 解説編

心の仕組みと癒しのエピソードたち

小さな私（リトル・ミー）を癒すことについて

「幼少期の記憶で、人生は９割決まる」
そう考えてみてください。
生まれたときから「悩み」を抱えている人はいません。
「悩み」は、あなたの人生のどこかを起点に生まれているのです。
悩みの正体を知るために、あなたの幼少期の記憶である、
あなたのリトル・ミーに会いに行きましょう。
リトル・ミーが癒されれば、人生の流れが変わります。

1

いつも同じことで悩んでいませんか？

心の中に、過去の傷から
生まれたリトル・ミーが
いるのかもしれません

2

NOと言わなきゃ……
自分の意見を言うと嫌われるよ……

あなたの願いを
リトル・ミーが
止めることがあります。

過去に傷ついた経験が
恐ろしく、不安で、
忘れられないのです

3

記憶をさかのぼり、リトル・ミーに会いに行きましょう。

いつ、どのようにして
傷ついたのでしょうか

4

傷ついたリトル・ミーを癒しましょう。

当時のあなたに
「もう大丈夫」と
言ってあげましょう

セッション1の解説

リトル・ミーは傷ついた過去の記憶

繰り返す悩みはリトル・ミーの悲しみのサイン

あなたはもしかしたら今、幸子のように、「気がつくと、いつも同じことで悩んでいる」「自分の性格や人生が嫌でたまらない」「つらい感情に振り回されている」などのことで苦しんでいないでしょうか。

そして、「こんな人生になったのは自分のせい」「なんて自分はダメなんだろう」などと自分を責めていませんか。

でも、**自分に厳しくしすぎないでください**。つらい状況が続いて生きづらい、そのように感じるときは、あなたのリトル・ミーが悲しんでいるサインかもしれないのです。

幸子と大和が神社で出会ったとき、大和は「**幸子さんの悩みの正体は、〝リトル・ミー〟が答えを知っているかもしれませんね**」と言いました。

リトル・ミーとは、「**心の中に住む、過去に傷ついた自分、過去に傷ついた記憶」です**。リトル・ミーは過去、主に幼少期の体験から生まれますが、**特には恐怖、不安、悲しみなどを感じて深く傷ついたときに生まれるものを指します**。傷ついたまま癒されずにいる、あなたの過去の分身なのです。

リトル・ミーは、心理学の用語では「インナーチャイルド」と呼ばれています。ただ、実際のカウンセリングの場で話しやすく、イメージしてもらいやすくするために私は「リトル・ミー」と呼んでいます。この本でも、リトル・ミーという言葉でご紹介をしています。

リトル・ミーが生まれる要因は、多くの場合「親」にあります。

もちろんここでいう両親、親とは、血縁関係によるもののみを指すわけではありません。両親以外にも祖父母、育ての親、学校の先生、近所の親しかった方々、兄弟姉妹……など、**主として幼少期に影響を受けた人なら誰でも対象となる可能性があります**。

この本では、便宜的に「両親」「親」という言葉を使いますが、自分に強い影響力を持つ存在のことと想定して、お読みいただきたいと思います。

子どもが幼いころに接するのは、両親などの身内がほとんどです。そのため、今の自分が「自分なりの考え」や「常識」だと考えることの根源は、さかのぼると、実は両親にあることが多く見られます。

幼少期の子どもは親の言葉をそのまま素直に受け止めます。子どもの少ない経験では「今の言葉は冗談だよね」「からかわれているだけ」などという解釈は普通できないため、親が思っている以上に傷ついてしまうことが少なくありません。

実際に、親に「あなたは、橋の下で拾ってきたのよ」と言われたことを、大人になっても心の傷として持っていた人もいます。

人の脳は、生まれてから今までのことすべてを記憶していると言われています。ですから、たとえすでに終わった過去の出来事であっても、そのときに受けた傷は癒さない限り大人になってもあなたの中に残るのです。

リトル・ミーは、受けた傷を癒したいために、同じような関係性や状況を再現する人を引き寄せて、自分がそこにいること、そして、傷ついていることに気づいてもらおうとします。

幸子の場合も、お局さんにキツくあたられたり、都合のいいように使われたりするのは、今に始まったことではありませんでした。↓P.16

職場が変わっても繰り返し同じような扱いを受けるのは、相手や環境に問題があるのではなく、傷ついたリトル・ミーが幸子の心にいることに起因しているのではないかと、大和は推測したのです。

ではなぜ、自分でも覚えていないような過去の記憶が、大人になった今でも影響を及ぼすのでしょうか。

「三つ子の魂百まで」という有名な諺があります。

「三つ子の魂百まで」とは、「幼いころの性格は、大人になっても変わらない」という意味で使われています。

つまり、**柔らかくまっさらな心に刻み込まれた価値観や思考のパターンは、それほど深く根付いてしまいやすいということ**です。

また、この諺では「三つ子（3歳）」とありますが、たとえ3歳を過ぎたとしても、自分にとって影響の強い出来事があればそれも心の傷としてリトル・ミーを生み出します。

そうして生まれたリトル・ミーは、成長したあとも、「自分はここにいる、気づいてほしい」とサインを送ってくるのです。

幼少期の記憶で人生は9割決まる

ここで、リトル・ミーがいる、私たちの心の仕組みについて、少し説明をしましょう。

私たちの心は、「顕在意識（理性）」と「潜在意識（無意識）」という2つの意識から成り立っていると聞いたことがある方も多いでしょう。

潜在意識の存在は、19世紀にオーストリアの心理学者、ジークムント・フロイトによって発見されました。

フロイトは、催眠術をかけられた患者さんが、それまでに語ったことのない記憶について話す様子を見て、日ごろは意識されることのない「無意識」に気づいたと言われています。

顕在意識は、表面意識とも呼ばれ、私たちが「今日のランチはこれにしよう」「あの人は、こんな性格だな」などと、意識的に考えたり、選択したり、判断したりするときの意識です。

一方で**潜在意識は、普段は意識することのない、無意識の領域**です。

たとえば、考えなくても靴をいつも右足から履くとか、電車に乗るといつも同じ隅の席に座るとかも無意識の行動ですし、たとえば、落としたものをいつも同じ動作で拾うのも無意識に刻み込まれた行動です。

生まれたばかりの赤ちゃんの心は潜在意識のみだと言われています。

赤ちゃんは、泣きたいときに泣き、楽しければ笑うなど本能のままで、自分を理性で抑えることなどありませんよね。

ところが潜在意識のみの赤ちゃんにも、小学生になるころまでに、少しずつ顕在意識が芽生えてきます。

この顕在意識と潜在意識の境目があいまいな幼いころに体験したことは、潜在意識に深く入り込みます。そのため、子どものころに、なんらかの理由で傷ついたリトル・ミーがいると、つらい思いをしたのは過去のことでも、心の傷は潜在意識にしっかりと残ります。

そして**幼少期の記憶である心の傷は、考え方のクセや行動のパターンとなって、大人になっても人生に大きな影響を与える**のです。

たとえば、「あれがやりたい」「これがしたい」と自分の欲求を伝えると、両親がいつも、困った顔をしたりため息をついたりしていたとします。

子どもは、そんな些細《ささい》なしぐさや表情の変化でも、敏感に親の気持ちを感じ取ります。そして、「あ、自分の欲求や気持ちを素直に伝えると、親は困るんだな」と、ショックを受けます。そうして、傷ついたリトル・ミーが生まれるのです。

この、傷ついたリトル・ミーは、「自然な感情や欲求を表に出すと嫌われる」と考え、大人になっても、人の顔色をうかがい、自分の気持ちにフタをするように仕向けます。

顕在意識と潜在意識の力関係は、およそ１：９ほどだと言われています。

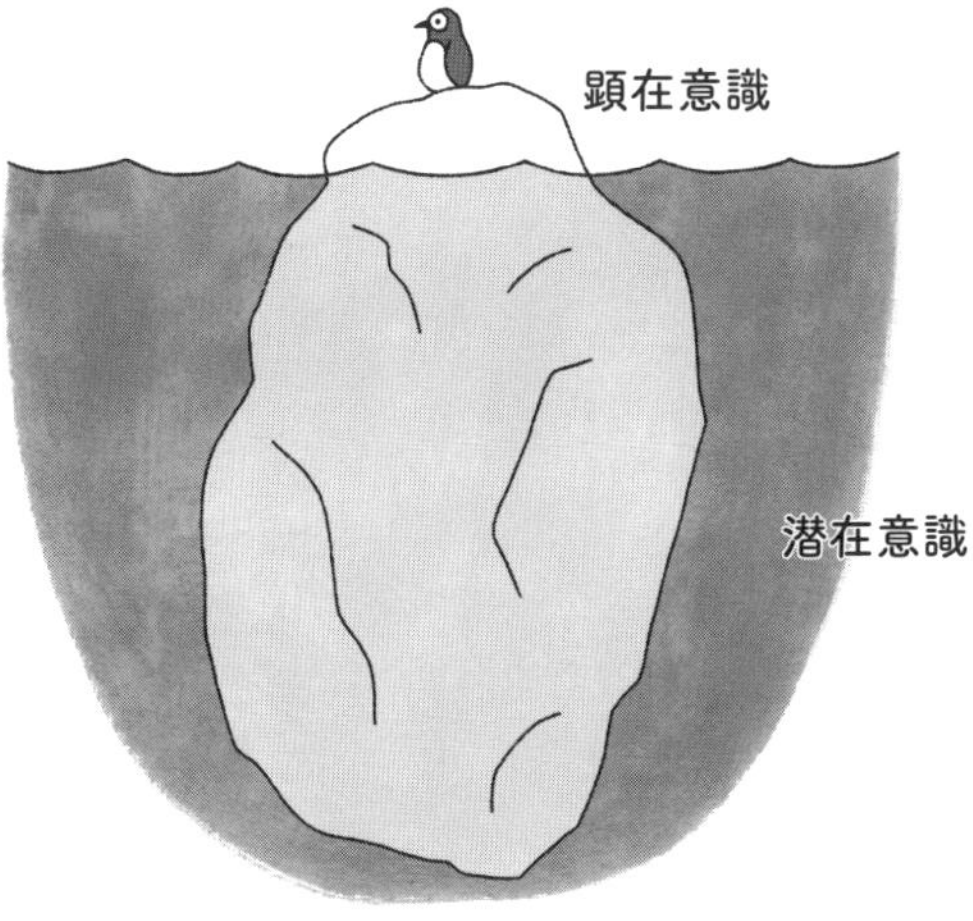

1％：99％という説もあるほど、潜在意識のパワーは強力です。

私たちが生きる現実の世界は、潜在意識で考えていることがこれほど大きく投影されているのです。

リトル・ミーは、潜在意識に眠る過去の記憶ですから、知らず知らずのうちに、強大な力であなたの人生をコントロールします。

ですから人生の9割は、こうした幼少期の記憶で決まると言っても過言ではないのです。

一説によると、人は数万通りのリトル・ミーを抱えていると言われています。

私がこれまで心理カウンセラーとして、6500人以上の方にカウンセリングしてきた経験からも、人は数えきれないほどのリトル・ミーを抱えているという実感があります。でも、だからと言って、すべてのリトル・ミーを癒さなければ、人生が変わらないわけではありません。

私の経験から、**ほとんどの場合、最も傷ついたリトル・ミーを癒すだけでも、見違えるほど人生は大きく変わっていきます。**

幸子の場合も、38点のテストが母親に見つかって「お母さん、がっかりだわ。もう幸子のこと信用できない！」と言われたときに深く傷つき、リトル・ミーが生まれました。

それでもセッションを通して、リトル・ミーの存在に気づき、大人になった自分の立場から、当時の自分の気持ちと母の気持ちを振り返ることで、少しずつリトル・ミーは癒されていきます。

幸子のように、**最も傷ついたリトル・ミーを見つけること。そして、深く傷ついたリトル・ミーを癒し、幼少期の記憶を再構築することで、人生は大きく変わっていく**のです。

ここで、ほかの方の体験談も見てみましょう。

彩子（40代）のリトル・ミー

あるとき会社の同僚とランチを食べていると、「そういえば、彩子さん、いつもシャツのボタン、上まできっちり留めているけど、暑くないの？」と言われました。

私が、すぐに、「え、だって、ボタン留めてないと母に怒られちゃうから」と言うと、同僚は驚いて黙ってしまいました。

その表情を見て私は、ハッとしたのです。

40歳になろうとする私は、今は結婚して親元から離れて住んでいます。もう20年近く、母と暮らしていないのに、いまだに母の言葉に縛られていたのです。

母は、いつも口ぐせのように、「きちっとして」と言い、暑いからと、制服のシャツのボタンを1つ外すだけでも、「なんで、ボタンを留めないの、だらしない」と、私は怒られていました。だから、ボタンをしっかり留めるクセが身につき、無意識のうちに習慣となっていたのです。

むつみ（50代）のリトル・ミー

私の父は、とにかく「がんばれ」「がまんしろ」「早くやれ」「急げ」「泣くな」が口ぐせでした。私は、繰り返しこう言われて育ちました。

私は今、50代ですが、私の年代で、昭和の時代に生まれた親に、こんな言葉を言われていた人は、多いのではないでしょうか。

だから私は、これまでずっと、「がんばらなくちゃいけない」「がまんしなくちゃいけない」「急がなくちゃいけない」「泣いてはいけない」、そう思って生きていました。とても苦しかったです。


でも、父が育った背景を考えると、ムリもないことなのかもしれません。

父は満州（中国の東北部）からの引き揚げ者です。母親のお腹にいるときに、父親を亡くしています。9人兄弟の末っ子で、引き揚げてきたときは4歳。半ば眠りながら姉に手を引かれて日本に来たそうで、当時のことはあまり覚えていないそうです。

日本に帰ってからも、苦労が多かったと聞いています。

泣かずにがまんし、がんばり続けなくては生きていけなかったのかもしれません。

けれどそれは父の育った状況でのことで、私とはまったく関係ないと、最近、気づきました。そう気づいたとき「もうがんばらなくていいんだ」「がまんしなくていいんだ」「泣いてもいいんだ……」と、心の氷が溶けたようなホッとした脱力感を感じました。

生まれつきの性格？　リトル・ミーの影響？

子どもの心はとてもデリケートで傷つきやすいもの。

傷つける意図のないまま大人が言うちょっとした否定的な言葉や小ばかにした態度、子どもを低く評価したり無視したりする行為なども、それが原因で、子どもはショックを受けたり不安を抱えたりします。

そしてリトル・ミーは、また同じような傷を負いたくはないと怯《おび》えて、人生にさまざまなブレーキをかけます。

たとえば、ちょっとした言い間違いを親に笑われた経験から、大人になっても人前で話すのが苦手になった。

「女の子なんだから、おとなしくして」と言われていたから、自分の意見を口にするのはいけないことだと思うようになるなど、さまざまなケースが考えられるでしょう。

また、親は「わがままに育たないように」といった子どもを思う気持ちから、

「お姉ちゃん（お兄ちゃん）なんだから、がまんして」

「生意気なことを言うな」

「そんなことくらいで泣かないの」

などと、ありのままの感情や欲求などを抑え込むように言うことがあります。でもこれも、幼い心を萎縮させ、自信を失わせることにつながります。つまり、もしかしたら**「これが自分のもともとの性格」と思い込んでいる態度や姿勢なども、原因をたどればリトル・ミーであることも少なくないと言えるの**です。

幸子も、大和とのセッションで、まだ幼かったころの自分はまわりから「なんでもハッキリ言う子」と言われるほど、自分の感情を表すタイプだったこと

を思い出します。↓P.25

幸子は、妹が生まれてから、何かにつけ「お姉ちゃんなんだから」と言われて、長女らしい振る舞いを期待されるようになりました。

そして、決定的だったのが、隠していた38点のテストが母に見つかり「お母さん、がっかりだわ。もう幸子のこと信用できない！」と言われたときです。

それ以来、幸子は、母に嫌われないよう「お姉ちゃんらしく」、たくさんのことをがまんして、自分の感情も抑え込むようになったのです。

大事なところで、いつもためらって前に進めない。

勇気が出ない、優柔不断、やる気が続かないなど、「変えたいのに、変えられない」、自分はなんでこんな性格なんだろうと悩んでいる方はたくさんいます。そして、自分の性格が悪いせいで人生がうまくいかないのだと、半ばあきらめてしまう。

でも、少し考えてみてください。**あなたが自分の性格に悩むようになったのはいつからでしょうか？**

どこかで悩み始めた〝切り替わりのタイミング〟があったはずです。

生まれつきネガティブ思考だったり、生まれたときから「自分はなんて、ダメなんだろう」と自分の性格に悩んで自分を責めたりする人はいません。「どうせ、自分なんて……」と考えて、ハイハイするのをやめる赤ちゃんはいないですよね。人は全員、生まれたときは前向きな生き物なのです。

ここで私が言いたいのは、**自分の性格で悩む人の多くは、生まれつきではなく、成長する過程のどこかで、そうなった理由が存在する可能性が高いということ**です。

朋美（40代）のリトル・ミー

小さいころから、「まわりと同じが安心」「普通が一番」と母に聞かされ続けてきました。だからこそ「人と違うのは怖い」とまで感じるようになり、自分の意見を伝えるよりもまわりに合わせて、〝いい子〟でいることが一番と思っていたのです。そのため、生まれてから40年以上、自分は、「八方美人」

なんだと思っていました。

でも「まわりに好かれようとする」のが、母親に言われてきたことで生まれたリトル・ミーが原因だったとわかってからは、これは「生まれつきの性格」ではなく、あとから根付いた「考え方のクセ」なのだと気がつきました。今は少しずつ、自分が楽になれる考え方を見つけることができています。

恵美子（60代）のリトル・ミー

子どものころから自分に自信が持てず、「私はバカだから」人と話せない、「私はバカだから」自分の意見なんて怖くて言えないと思っていました。

それも「私の性格だから……」とあきらめていましたが、両親に対する自分の感情を書き出したり、過去を振り返ったりしていて、あるとき、今は亡き父親から「お前は頭の悪い母親そっくりだ」「バカだから」と、ずっとバカ扱いされていたことを思い出したのです。今や60代になろうとしているのに、幼いころに父親に言われた言葉が、心の隅っこに引っかかり、自分の性格に影響を与えていたとは思いもよりませんでした。

変われないのは癒す相手を間違えていたから

自分の性格で悩んでいる方は、「人生のどこかで起きた何かがきっかけで、ほんらいの性質とは異なる考えを持ったり、行動をとったりするようになってしまったのかもしれない」と、一度そのように考えてみてください。

そして、それがリトル・ミーの傷つきが原因なのかを知りたいときは、大和が幸子に問いかけたように、「もし、あなたの親友が同じことで悩んでいるとしたら、あなたはどう声をかけるか」を考えてみるといいでしょう。↓P.25

たとえば、あなたが「いつも、何かにチャレンジしようとしても、理由を見つけてやめてしまう」性格に悩んでいるとしましょう。

そうであれば、**あなたの親友をイメージし、その人が「大切なところで、迷ってやめてしまう」性格だと仮定して、あなたはその親友に対してなんと言って**

あげるか、を考えてみるのです。
おそらく多くの人は「〇〇ちゃんなら、できるよ、やってみようよ！」と、背中を押してあげるのではないでしょうか。

でも、同じ言葉を〝自分〟にかけてみると、どうも違和感がある、しっくりこない。頭で思うことを心が受け付けていない。もしそのように感じるとしたら、**声をかける相手が違う**と考えてみてもいいかもしれません。

声をかけるべきは「今の自分」ではなく、何かが起きたときの自分、つまり、傷ついた過去の自分であるリトル・ミーである可能性が高いということです。

人の性格は生まれつきで、変えられないと思いがちです。

でも「何かが起きた」という原因を取り除いてあげさえすれば、変わらないと思われがちな性格も、自然と変化していくのです。

美智子（30代）のリトル・ミー

私は、自分の容姿がずっとコンプレックスでした。自分の顔が好きではなく、「容姿に恵まれないから結婚ができない」のだと悩んでいました。

でも、ある日、友人から、「私はずっと自分の身長にコンプレックスを持っていた。でもあなたは以前、『身長なんて関係ないよ。あなたには魅力的なところがいっぱいあるよ』と言ってくれたよね。私はその言葉に救われたのよ。どうしてあなたはその言葉を自分自身には言ってあげられないの？」と言われて、愕然《がくぜん》としたのです。「見た目よりも大切なものはたくさんある」と考える私を拒否するリトル・ミーが私の中にいるのだなと感じました。

あやか（30代）のリトル・ミー

私は物心ついたころから「常に人の目や機嫌をうかがいながら」生きてきました。「リトル・ミー」という言葉を知って、幼いころから見てきた両親の姿に多大な影響を受けていたと知ったときは、衝撃とともにすんなり納得できたのを覚えています。

私の父親は典型的な亭主関白で、そんな父にいつも気を遣いながら自分の気持ちを出さず、疲弊している母の姿を私はずっと見てきました。

私はそんな母の姿を見て、母と同様に「父を怒らせないように」と父の機嫌をうかがいながら自分の言いたいことを言えずに毎日を過ごすことが、いつしか当たり前になっていたのです。

けれどこれが、父に対してだけでなく、「人に過剰に気を遣う」「男性の前での振る舞い方がわからない、ゆえに男性との距離を置いてしまいがち」という今日の生き方に反映されているのだと気づいたときは、ショックでした。

でも、ずっと「性格だから仕方ない。私はそういう人間なんだ」と思っていたものが、実はそう思い込んでいただけだったと気づくことができて、突破口を見つけられた気持ちになりました。

〝悩み〟は「人生の宿題」

人は、生きているとさまざまな悩みを抱えます。

幸子の最大の悩みは、パート先のお局さんでした。

今のパート先に限らず、どこで働いても、自分だけ雑用をやらされたり、残業や休日出勤を強いられたりするなどのつらい目にあっていました。

また、ムリな要求に「NO」と言えないばかりに、さらに相手からの要望がエスカレートするなど状況は悪化するばかりだったのです。

そんな幸子に、大和は「**悩みは〝人生の宿題〟**」だと話します。P.22
「人生の宿題」とは、人生で解決しなければならない課題のことだと大和は言います。

悩み、つまり課題から目を背け、逃げようとすると、形を変えて繰り返し「悩まされる状況」が現れます。

でもそれは、決してあなたを苦しめるためではないのです。

課題を乗り越え、前に進むことで、まるでゲームのステージをクリアしたように、あなたの人生は大きくステップアップします。

幸子の場合で言えば、なぜ、いつもお局さんにつらくあたられるのか。勤める場所を変えても、なぜ、自分だけが無理難題を押し付けられるのか、それは、**その課題に向き合って、解決してほしいというサイン**だったのです。

もちろん私は、職場でつらい目にあう人すべてに、傷ついたリトル・ミーがいると言いたいわけではありません。

誰かの言動に不愉快な思いをしているのであれば、まずは、まわりの人に相談したり、直接、相手にやめてほしいと伝えることもできるでしょう。

このような現実的な対応をしたうえで、どうしても解決の糸口が見えない、同じ状況が続くといった場合、傷ついたリトル・ミーがいることが考えられます。

幸子の場合、同じような状況が、場所を変えても長い間続いていること、そして「NO」と言えないことで、さらによくない状態が続いていることなどを総合的に見て、大和は「傷ついたリトル・ミーがいるのではないか」と仮定したのです。

聡子（50代）のリトル・ミー

私は、50歳近くになるまで、母親の愛情を求めてもがき、何度もうつ病を繰り返したり、引きこもりになったりしていました。そして、何度もうつ病になるのは、自分の心が弱いからだとか、自分がダメだからと自分を責め続けていたのです。

でも、同じような問題が繰り返されるのは「人生の宿題」であり、解決してほしいというサインだと聞いたとき、大きな衝撃を受けました。

そして初めて、じっくりと自分の心に向き合ったとき、理想の母の愛情を求め続けていた自分の姿に気づいたのです。

「母に愛されていない」と思っている傷ついたリトル・ミーがいることがわかったとき、これまで縛られていた鎖が、スッと外れた気持ちになりました。

それからは、母からの愛を求めるのではなく自分自身で自分を愛してあげようと考えるようになり、人生が大きく好転していったのです。「人生の宿題」を解決したからこそ、変われたのだと思っています。

お母さんの膝の上は「セーフティゾーン」

子どもは、「親に愛されたい」「褒められたい」「認められたい」と考える存在です。

そして**子どもは、親からの無条件の愛情を受ける経験を重ねることで、長所や欠点を含めたありのままの自分を肯定していけるようになります。**

「何があっても、いつでも自分のことを受け止めてくれる存在がいる」と信じられるからこそ、未知のこと、新しいことを恐れずにチャレンジできるようになり、自分なりの人生を切り拓いていける大人になるのです。

心理学では、「お母さんの膝の上は〝**セーフティゾーン**〟」だと言われています。

生まれたばかりの赤ちゃんは、お母さんの膝の上にいるときには、安心して目新しいおもちゃを手にしたり、遊んだりします。

ところが、お母さんの目の届かないところだと、すでに知っているものしか手にしないことが多いそうです。この「お母さんの膝の上」と同じだと感じさせてくれる経験が、子どもには必要なのです。

子どもが幼いころ、母親と基本的な信頼関係を築くことができた経験、つまり「無条件に受け入れられ、愛情を注いでもらった経験」があると、母親は「安全基地」としての機能を持つのだと、アメリカの発達心理学者、メアリー・エインズワースは言っています。

安全基地（母の元）に戻ると「安心する、安らぐ、癒される」などのポジティブな感情を育むことができる。そう子どもが理解すれば、さまざまな意欲がひとりでに育ち、新しい行動をとることができるのだそうです。

多くの子どもは、抱っこや手をつなぐなどのスキンシップや、甘えさせてくれることを「愛情」だと感じます。そして、ありのままの自分を認めてくれることを、無意識に親に求めます。

一方で親になると、「親は子どもを正しく導く役目」「子どもは親の言うことに従うもの」といった価値観を持ってしまうことも珍しくなく、親としての義務を果たすことに一生懸命で、スキンシップなどを「甘やかし」と感じる人もいます。

また、親自身が過去、自分の親からそうした愛情をかけられず、しつけや理想の姿といった型にあてはめて育てられたため、どうしていいのかわからないこともあるでしょう。

よほどの例外を除けば、子どもを愛していない親はいません。

ただ、**愛情の表現が子どもの求めているものと異なる、思い違いがあるなどの理由から、お互いに理解できずにすれ違っているケースが非常に多い**と言えるのです。

宿題1の解説
「感謝」と「不満」両方の感情がある

POINT 1 しまい込んでいた感情を取り出してみる

「セッション1」の終わりに、大和は幸子に「両親に対する感情を書き出す」という宿題を出します。↓P.36

私は、すでにご両親が他界されている場合も、同じ宿題を出します。

なぜなら、**たとえご両親が10年前、20年前に亡くなっておられたとしても、心の奥底に抱える感情は、解放してあげない限りそのまま残っているからです。**

ただ、多くの人は、何十年もがまんをしたり、感情を抑えてフタをしたりしてきたため、自分にどんな感情があったのかも忘れてしまい、なかなか引っ張り出すことができません。

私は、そんな状態を「心が不感症になっている」と呼んでいます。

感情を抑圧することがクセになっている「不感症」の状態のときは、心が麻《ま》痺《ひ》して、悲しみだけでなく喜びの感情も感じにくくなっていることが多いものです。

幸子も、セッション1の初めでは、たくさんの感情を抑え込んでいました。

だからこそ、大和は幸子に「両親に対する感情を書き出す」宿題を出したのです。

このワークで目指したい最大のポイントの1つが、しまい込んでいた、親に対する感情を取り出すことです。

記憶をたどる中で楽しかったことばかりでなく、不満や要求を思い出すこともあるでしょう。悲しかった、つらかったことばかりでなく、うれしかったこと、感謝なども、思いついたら書き出しましょう。

そうして、**感情の扉を開く習慣をつけてあげると、何かのきっかけで別の記憶がよみがえってくることもあるはず**です。

また、「両親に対する感情を書き出す」のは、潜在意識の奥深くにしまい込んだ感情や欲求に光を当てるだけでなく、感情を吐き出すことで心のデトックスをするという役割もあります。

身体を健康に維持しようとしたら、むやみに栄養を補給する前に、まずはデトックスをして溜《た》まった汚れを取り去り、正常な機能を回復させますよね。心も同じです。**まずは、心にモヤモヤと溜まっている、怒りや悲しみなどに目を向けて、書き出すことで少しずつ心を軽くしていきます。**

POINT 2
「感謝」しかない人は不満を、「不満」しかない人は感謝を書く

幸子は初め、親について批判的な内容を書くことに抵抗を感じます。↓P.37

本書を手に取ってくださった方の中にも、「育ててくれた親に対して不満を書くなんて……」と罪悪感を感じる方がいらっしゃるかもしれません。

日本では、無条件に「親は尊敬するもの」「育ててくれたのだから感謝すべき」という風潮がありますからムリもないでしょう。

そんなときは、大和が幸子に提案したように、あえて不満なところ、もう少しこうしてほしいと思ったところに目を向けて書き出すようにしてみてください。

私の6500人へのカウンセリングの経験では、ほとんどの人は「感謝が出やすい人」「不満が出やすい人」のいずれかに分かれます。

そのため、幸子のように「感謝が出やすいタイプ」の場合、閉じ込められていた「不満」という側面にあえて目を向けてみることで、閉じていた感情の扉が開きやすくなります。

その一方で「不満が出やすいタイプ」の場合、両親に感謝できる部分にあえて注目することで、親に対するあらゆる気持ちが出てきやすくなるのです。

これまで何十年も閉じ込めていた感情は、そう簡単には姿を現しません。

心理学者のフロイトは、人には、自分では受け入れられないような、つらい感情や記憶を否定し、無意識のうちに心の奥底に押し込めてしまう「**抑圧**」という働きがあるとしています。

傷が深ければ深いほど、思い出さなくてもすむように、記憶を封じ込めようとするのは、人に備わった基本的な防衛反応の1つなのです。

ですから、**すぐに思い出せなくても、焦らないでください。気を楽にして、数日経ったらまた、生活に支障が出ないタイミングで、10分程度の時間を作り「何かなかったか」考えてみましょう。**

幸子のストーリーや、本書の解説部分にある体験談を読み返すのもいいでしょう。何度も自分に向き合ったり、ほかの人の経験を知ったりすることで、ヒントとなる出来事を思い出しやすくなります。

また、もしかしたら、記憶をよみがえらせる過程で、怒りや悲しみがあふれて、混乱したり気持ちがへこんだりすることがあるかもしれません。

そんなときは、まず「私には、こんな気持ちがあったんだな」と受け止めてあげてください。

「喜怒哀楽」と表される4つの感情は、どれも私たちにとって、宝物のように大切なものです。どちらかがよくて、どちらかは持つべきではない感情だということはありません。

心の中にある、怒りや悲しみという感情も大切にしてほしいと私は思っています。

日本という国に四季があり、それぞれの季節が味わい深いように、「喜怒哀楽」という感情も、どれがいい悪いではなく、どれも自分からわき出た意味のあるものです。

「夏は暑いからイヤ」「冬は寒くて苦手」などのように避けるのではなく、自分のあらゆる感情を大切にしてあげることで、心が豊かになっていきます。

怒りや悲しみ、苦しさやつらさなどの感情がわいたら、とにかくすべて紙に書き出してみてください。

そして、その紙をビリビリに破って捨ててみましょう。

自分の手を使い、破って捨てることで、心がスッキリします。

それを、気がすむまで何度でも繰り返してください。

私が初めて、親への不満を書き出したとき、それまでは「母親には感謝しかない」と思っていたのが、「ずっと、がまんさせられてきた」など、怒りがこみ上げて止まらなくなりました。

それまで抑えてフタをしていた感情がわき出てきたのです。

そのため、何度も何度も、書き出しては破り捨てることを繰り返しました。

感情とはガソリンのようなもので、書き出し続けていると、次第に勢力を失って燃え尽きていき、怒りや悲しみも薄らいでいきます。

そこまでたどり着くには、時間や気力がある程度必要になりますので、焦らずにじっくりと書き出す時間を見つけて進めていきましょう。

POINT 3　両親の後にほかの人に対する気持ちにも目を向けてみる

両親以外の人の言動が原因で、人生を左右するような、深く傷ついたリトル・ミーが生まれる人もいます。そのようなときでも**私は、まずは両親に対しての感情を納得するまで書き出してもらいます。**

たとえば、ご両親が共働きで忙しく、一緒に住んでいた父親の母、つまり、おばあちゃんに育てられた子どもがいるとします。

おばあちゃんは、子どもの母と仲が悪く、いつも子どもに「あんたの母親は、家事もしないで、ろくでもない嫁だよ」と言い続けていました。そして、子どもがちょっとしたいたずらをしたとき、「やっぱり、あんたも母親と同じで、どうしようもない子だね」と叱って、傷ついたリトル・ミーが生まれたとしましょう。

この場合、リトル・ミーが生まれた直接の原因はおばあちゃんの言葉です。でも、子どもは同時に、父母に対して「つらい思いをしているのに、そばにいてくれなかった」「ひどいこと言われたのに、助けてくれなかった」といったさみしい気持ちを抱えていることが少なくありません。

まずは、そうした両親に対するわだかまりを解消してあげることで、深く押し込められていた、おばあちゃんの言葉への感情も出てきやすくなるのです。

もちろん、ご両親への感情を繰り返し見つめても、心から「感謝しか出ない」という人もいます。

その場合は、無理に不満や要望を作り出さなくても大丈夫です。

両親には感謝したうえで、最も深く傷ついているリトル・ミーがどこにいるかを探っていきましょう。

智子（40代）のリトル・ミー

両親に対する気持ちを初めて書き出したとき、涙がボロボロ出て止まりませんでした。終わったあともまだ、気持ちのつかえや体のだるさが残っていたので、100均で便箋を大量に買い込み、何度も何度も、両親や、親のように育ててくれた祖父母に手紙を書きました。

ときには、泣きながらありとあらゆる悪口を書き殴ったこともあります。

最初の数回は「ほんとうにスッキリするのかな？」と思っていましたが、怒りにまかせて悪口を書きまくった手紙をビリビリに破いて捨てたときは、胸のつかえがスッとなくなったのです。

あいこ（20代）のリトル・ミー

初めは、両親に対してあれこれ書くことに戸惑いを感じていましたが、書き始めると出るわ出るわ、自分でもびっくりするくらい、怒りにまかせて書き殴りました。

何度も繰り返すと「怒り・不満vs感謝」の割合が変化していき、最初は「怒り・不満」ばかりだったのが、4回目になると「感謝」が8割くらいになりました。

1回目や2回目は、書き出した紙を泣きながらビリビリと破いていたのですが、4回目ともなると、最後にはじんわりと感謝を感じるようになったので、丁寧に小さく引き裂くようになりました。

恵子（50代）のリトル・ミー

私が最初に「両親に対する気持ち」を書き出そうとしたとき、「育ててもらって感謝している」など、いくつかの項目しか出てきませんでした。

昔の写真を見ながら、「学校を卒業したとき」「新たな学校に進学したとき」「就職したとき」「結婚したとき」などを思い出し、そのときに両親との間にどんなことがあったか、それに対してどう感じたかなどを中心に考えてみても、あれこれ出てくるまでに1ヶ月かかりました。

でも、1つ出てくると「そういえば、あんなこともあった、こんなこともあった」、そして「ああ、あのときはこんな気持ちになったな」などと感情を思い出しやすくなりました。

そして、自分の誕生日、クリスマス、お正月、結婚式などのイベントでも「何かあったかな？」「何か忘れられない言葉はあるかな？」などと、問いかけてみると、しばらくして「そうだ、こう言われてショックだった」など、思い出すことがよくありました。

また、今、自分が気にしていること、たとえば、背が低いことや体型などにコンプレックスを持っていたり、人の意見に左右されやすい性格を変えたいとかがあったら、「何が原因なのだろう？」「いつから、気にするようになったのだろう？」などと問いかけると、思いもかけない答えが出てきたこともありました。

たかみ（50代）のリトル・ミー

「両親に対する感情を書き出す」ワークは、最初、なかなか書き出すことができませんでした。親から言われ続けた「ダメ人間」「人間のクズ」「できが悪い」などの、向き合いたくない、思い出したくない、認めたくないことばかりで、直面するのが恐ろしく、心の準備をする期間が必要でした。

ある日、セミナーで、ほかの人が書かれたサンプルを拝見し、思い切ってそのまま丸ごと写して書き出してみました。すると、やっと自分の気持ちが出てくるようになり、どんどん書き出すことができるようになったのです。

何度も何度も書き出しました。さまざまな感情を書いて吐き出しました。たくさん書いたことで、気持ちが静かになりました。書き終わった紙は、自分の内側から出てきたゴミだと思って、全部、破って捨てました。

人間関係、恋愛、仕事、お金などへの影響

幸子は、母に「お母さん、がっかりだわ。もう幸子のこと信用できない！」と言われたときに生まれたリトル・ミーの影響で、パート先を変えても、常にお局さんにつらくあたられるという、人間関係の悩みを抱えていました。

幸子の場合は、人との関係でしたが、リトル・ミーの影響は、人生のあらゆる側面に及びます。ですから親への感情に目を向けるときは、人間関係、恋愛、仕事、お金などさまざまな角度からの影響を考えてみるといいでしょう。

たとえば、ゲームで最初にゴールに到達し、「（ゲーム上で）１００万円手に入った！」と自慢したら、親に「お金の自慢をするのは卑しいのよ」「お金持ちはずるいんだから……」などと言われた女性がいました。この女性は、リトル・ミーが「お金に汚くなりたくない」と考えていたため、50歳になるまで、ずっと貯金するのが苦手で、毎月、収入を使い果たしていたのです。

小学校で将来の夢を聞かれ、「サッカー選手になる！」と言ったら、「あんたには、そんな才能ないでしょう」と、母親に呆れたように言われた男性がいました。この男性のリトル・ミーは、それ以来、何かやろうとしても「どうせ、自分は才能がない」「何をやってもダメ」とブレーキをかけるようになり、男性は、就職もせずに40歳近くまでアルバイト生活を続けていたのです。

家にいるときはいつもむすっとして話などせず、ちょっとしたことですぐに怒り出す父親のもとで育った女性がいました。この女性には、「自分は愛されていない」「人を怒らせてしまう」というリトル・ミーがいたため、人と接するのが怖くなり、ずっと恋愛に踏み出せずにいたのです。

こうした例のように、**深く傷ついたリトル・ミーは、人によってさまざまな形で現在の人生にブレーキをかけます**。

でも、たとえ今の悩みがどんなものであれ、リトル・ミーが原因なのであれば、解消法はこの本でお伝えしている「リトル・ミーを癒すこと」です。

リトル・ミーを癒して、幼少期の記憶を塗り替えることで、現在の状況も大きく変わっていくのです。

ミナ（30代）のリトル・ミー

私は人前に出たり目立つことをしたりするのが好きなタイプです。でもなぜだかいつも、SNSで発信したり、人前に立ったりすることに罪悪感を抱いていました。

親に対する感情を書き出すと同時に、過去の記憶を振り返ってみると、罪悪感を抱くようになったきっかけは、小さいころにステージに立った、お祭りでのヒーローショーでした。ヒーローショーのイベントでは、選ばれた子どもが壇上に上がります。私は選ばれて、自分の得意技を披露するということになり、壇上ででんぐり返しをしたんです。

終わったあと、意気揚々と壇上から降りて駆け寄った私は、母に「大勢の前で恥ずかしいことしないの！」と怒られてしまいました。

自分では母親にほめてもらえるとばかり思っていたのに、怒られた。

当時の私は傷つき「大勢の前で目立つことは恥ずかしいこと、悪いこと」と考える傷ついたリトル・ミーが生まれました。

それからは、目立つことに罪悪感を抱きながら大人になったのです。

ほんらい、目立つのが好きなのに、目立つことを選んだら罪悪感に苛《さいな》まれるという状況に追い込まれました。両親への感情を書き出すワークなどを行い、母に素直に向き合いたいと感じたので、私はこの話を思い切って母親にしてみたのです。すると、母はまったく覚えていませんでした（笑）。

ただ、母は、「娘がでんぐり返しをすることで、変質者が見ていて狙《ねら》われたりでもしたらと心配していたんだと思う」と話してくれました。

「母は私を心配してくれていたんだ」ということがわかり、私のリトル・ミーはずいぶん笑顔に変わった気がします。そして、そのころから人前に立つことやＳＮＳで発信することにも後ろめたさを感じなくなりました。

あや（40代）のリトル・ミー

私は40代で離婚をし、経済的な理由から子どもたちと離れて暮らさなければならなくなっていました。私が小さかったころ、父はテレビでお金持ちの話題が出ると、いつも「成金が……」と非難したり、「ボランティアは、暇人がすることだ」とよく言ったりしていました。ですから私も、ずっと「お金持ちは悪い人」「ボランティアは偽善」だと思っていました。同じように母は、いつも「お金がない」と言っていました。確かに大変な時期もあったと思いますが、今思えば明らかにそうでないときにも、お金がないと言っていて、気づけば私も口ぐせになっていました。

だからこそ、お金を稼ぐのを拒否するリトル・ミーが私の中にいたのだと思います。そのことに気づいてから、お金に対する気持ちが少しずつ変わっていきました。

すると、別れた夫の両親が全面的にバックアップしてくれることになり、私は再び、子どもたちと一緒に暮らすことができるようになったのです。

けいこ（40代）のリトル・ミー

「お腹の中で元気だったから、男の子のはず」という期待を裏切り、生まれたら女だったのが私です。「ブスだし」「デブだし」と親戚中からも言われ、唯一「けーちゃんは優しいよく気の利く子だよ」って言ってくれるおばちゃんが大好きでした。

「ブス」や「デブ」という言葉は、あまり気にせず笑い飛ばしてきたと思っていました。でも、初めて彼氏ができたとき、自分はブスだしデブだしと、自信が持てず優しく尽くすだけのお付き合いになってしまったのです。

私の中には、「ブスだ」「デブだ」と言われて傷ついたリトル・ミーがいたのです。彼氏に依存してしまい、嫌われないように、自分を押し殺す毎日。気がつけば「ダメンズ」にばかり出会い、人を信じることができなくなっていました。でも、いつか私を大切にしてくれる人に出会えるはず。また人を信じ大好きになりたい。変わりたい！　強くなりたい！　優しくありたい！

そう強く思い、今、リトル・ミーの癒しに取り組んでいます。

セッション2の解説
記憶をたどり、リトル・ミーを見つける

※人は自分の心を守るために「抑圧」する

「一番傷ついている〝リトル・ミー〟を探して癒す」のは、簡単そうに聞こえますが、この傷ついた記憶を見つけ出すのが、とても難しいことです。

先ほど、人には、不安や苦痛となる記憶や考えを、気づかぬうちに意識から排除する「抑圧」という、自分を守るための働きが備わっているとお話ししました。そのため誰でも、無意識のうちに、つらい経験は記憶の奥底にしまいこみます。いつも思い出していたら、苦しくて生きていけないからです。

私のお客さまの例では、セッション中に、ふとしたきっかけで、「あんたなんか、産まなきゃよかった」

「あなたは失敗作」

「そんなことする子は、ウチの子じゃない」

などと言われたことを思い出し、涙する方が少なくありません。

中には「悪いことをするたびに、手足を縛られて、しばらく押し入れに閉じ込められていた」ことを、数十年ぶりに思い出した方もおられます。

この方は、私のカウンセリングを受けるまでは、一度もそのことを思い出したことがなかったそうです。


人は生まれてから自分で見たこと、聞いたこと、そして起きたことをすべて、記憶しています。

ただし、「抑圧」された記憶は、具体的に「あれ、やらなきゃ」などと意識をする「顕在意識」ではなく、無意識の領域である「潜在意識」に閉じ込めてしまうため、**何らかの働きかけがないと、なかなか記憶はよみがえりません。**

では、幸子のようにカウンセリングを受けたりしないと、リトル・ミーは見つけられないのかというと、そんなことはありません。

この本をここまで読んでくださった方には、本書から、すでになんらかの「働きかけ」が始まっています。

幸子の物語を読みながら「そういえば、私にもあんな経験があった」と、忘れていた記憶がよみがえった方もいるかもしれません。

また、ハッキリとした出来事は思い出せなくても、「傷ついたリトル・ミーがいる気がする」と、記憶の手がかりを得た方もおられるでしょう。

この本を一度読んで、何も思い出さなくても、2度、3度と読み返すうちに、傷ついたリトル・ミーの存在が少しずつ、明らかになっていくはずです。

焦らずにじっくりと、リトル・ミーからの声に耳を傾けてあげてくださいね。

リトル・ミーには外向型と内向型がある

リトル・ミーには、外向型と内向型の2種類があると、私は考えます。

外向型とは、傷ついた気持ちを自分の外に向けて行動で表していくタイプ。

たとえば、人をいじめたりケンカをしたり、または集団で暴走行為などをしてトラブルを起こしたりすることで、親から注目してもらおうとしたり、愛情を確認しようとしたりします。外向型は、一見すると、心に傷を受けているとは考えにくいかもしれません。でも外向型も、傷ついたリトル・ミーがいるからこそ、そうした破滅的な行動をとります。

もし、**あなたが外向型にあてはまるようであれば、自分がどんなときに、どうして攻撃的になるかを考えてみると、リトル・ミーが見つけやすくなる**でしょう。

一方で**内向型は、傷ついた気持ちを内側に向けていくタイプ**。

「お母さんが自分に関心がないのは、自分が〝いい子〟じゃないからだ」「愛してもらえないのは、私が悪いから」などと、自分を責めて落ち込む方です。このような方は、最終的に心を病むこともあります。

幸子も「〝お姉ちゃんらしく〟いい子でいないと、認めてもらえない」「がんばらないと愛されない」と無意識に自分を責めて、追い立てていたのです。

内向型は、どちらかと言えば、多くのことをがまんする傾向にあります。

そのため**「自分は何をがまんしているだろう？」「ほんとうはやりたくても、がまんしていることはない？」などと自身に問いかけると、リトル・ミーが見つけやすくなる**はずです。

◎傷ついたリトル・ミーを見つけたら

外向型、内向型、どちらの場合でも、**傷ついたリトル・ミーを癒してあげること、そして、過去の記憶を清算することで人生は大きく変わります。**

リトル・ミーを癒すためには、まず傷ついたリトル・ミーの存在に気づいてあげることが大切です。つらいかもしれませんが、過去に傷ついた経験があったこと、そしていつ、どんなことや言葉がきっかけだったか振り返りましょう。

リトル・ミーを見つけることができたら、癒すために、次のようなステップを踏むといいでしょう。

まず、幼く、傷ついたころの自分をイメージし、タイムマシンに乗ったつもりで会いに行く。

このとき、多くの人は、リトル・ミーが泣いていると想像します。

次に、リトル・ミーに声をかけて対話をする。

「幼かった私に、今の自分だったらどんな言葉をかけてあげられるだろう？」と考えてみてください。**「大切な友だちが同じことで悩んでいたら自分はなんと声をかけてあげるだろう？」**と考えてみるのもいいでしょう。

たとえば、

「どうしたの？　なんで泣いているの？」

「お母さんに、〝信用できない〟って言われちゃったの」

「そうか、大好きなお母さんに言われたら、つらかったね。でも、もう大丈夫だよ。今の私はとっても幸せだからね」

のように、過去の自分の気持ちに共感し、温かく励ましてあげてください。

もちろん、一度対話をしただけでは、リトル・ミーは癒されないかもしれません。でも5分でも10分でもいいので、こまめに会いに行ってあげましょう。そうすることで、少しずつリトル・ミーの心は癒されていくのです。泣いている自分が泣き止み、笑顔になったらリトル・ミーが癒された証拠。ほとんどの場合、1ヶ月も続けると、リトル・ミーは泣きやみ、笑顔になってくれるはずです。

ゆたか（40代）のリトル・ミー

私の父は、世間のルールや常識を守ることに厳しく、「まわりに迷惑をかけないように」することを重んじる人でした。そのため私は、世間のルールに従い「あれもダメ」「これもダメ」と自分の意見を押し込めていました。そして「やるべきことは、完璧に行わなければならない」という強迫観念にいつも追い立てられて、何もかもがうまくいっていませんでした。

でも、両親に対する感情を書き出し、何度も破り捨てることで、次第に心が落ち着いてきました。そして、私の中にいるリトル・ミーが癒されて笑顔になったと感じるころには、心の底から父に感謝を伝えたくなり、誕生日に「ありがとう!」とメッセージを送ったのです。それからは、父に対して、「父なりに、一生懸命育ててくれたんだな」「今、こうやって立派に生きられるのは父のおかげだ」と思えるようになったのです。

また、母に対しては、特に不満はないと思っていましたが、厳格な父に言われたことに対し、黙ってがまんする母に「もっと、意見を言ってほしかった」という気持ちがわいてきました。母の姿勢を目にして、私も無意識のうちに、何事もがまんするべきという考えを持っていたことにも気づきました。それでも何度も感情を書き出してリトル・ミーを見つけ、会いに行って癒すことで、母に対しても「育ててくれてありがとう」という感謝の気持ちに変わりました。

すると不思議なことに、仕事でやりづらかった人が異動したり、やりたかった仕事が回ってくるなど、さまざまなことが好転し、心が落ち着いて自分に自信が持てるようになったのです。

心が変わると、現実も変化する

アメリカの心理学者であり、哲学者でもあるウィリアム・ジェームズの言葉に、「心が変われば、行動が変わる。行動が変われば、習慣が変わる。習慣が変われば、人格が変わる。人格が変われば、運命が変わる」があります。

つまり、いくつかのステップはあっても、心が変われば運命は変わっていくと言っているのです。

マザー・テレサも、「思考はいつか言葉になり、言葉はいつか行動になり、行動はいつか習慣になり、習慣はいつか性格になり、性格はいつか運命になる」と言っています。

セッション1の解説で、顕在意識と潜在意識の話をしました。顕在意識と潜在意識の力関係はおよそ1：9であり、人によっては1％：99％と言うこともあるほど、潜在意識のパワーは強力です。

つまり、潜在意識の奥深くに眠っていたリトル・ミーが癒されれば、その変化は大きなパワーを持って、私たちが生きる現実の世界に反映されるということです。心が変わると現実も変わるというのは、こうした原理によるものです。

幸子はセッション2で、38点のテストを隠していたのが見つかり、「お母さん、がっかりだわ。もう幸子のこと信用できない！」と言われたことを思い出します。そして大和から、そのときに幸子の中に傷ついたリトル・ミーが生まれたのではないかと言われます。

私は、自分の心を見つめて何かを思い出すのも「行動」の1つだと考えます。幸子の心はすでに変わり始めており、さらに内観という「行動」をとったことで、リトル・ミーの存在に気づきました。

ですから、この時点ですでに運命が変わり始めているのです。あなたの場合も、リトル・ミーが癒されてすぐは、もしかしたら目の前の現実には大きな変化は見られないかもしれません。でも、心の変化、そして心を変えようとしてとった行動は、確実に現実に反映されていくのです。

「私はよくがんばっていた」と唱える

「セッション2」で幸子はついにリトル・ミーが生まれた瞬間を思い出しました。

人によっては、これまで思い出さないように記憶の奥深くに押し込んでいた、つらい経験を思い出すと、数日、寝込んでしまうこともあります。

幸子も、思い出した瞬間は涙が止まりませんでした。

これまでお話ししてきたように、リトル・ミーが生まれたきっかけとなる出来事を、忘れているのには理由があります。

抑圧していた記憶を思い出そうとするのは、苦しいことかもしれません。

でも、**それほどつらい経験をした、幼い自分を癒してあげられるのは、あなただけ**です。あなたはあなたの一番の理解者なのですから、一番の応援団長になってあげてください。

リトル・ミーを見つけ、癒していくプロセスは、ある程度の時間を要します。傷が深ければ深いほど、時間をかけてあげる必要があるでしょう。

そのため大和は、「リトル・ミー」に気づくという、大変な過程を終えた幸子に、自分をいたわるように「私はよくがんばっていた」と、自分で自分を認めてあげる言葉をつぶやくように勧めたのです。↓P.52

自分にかける言葉は、「私はよくがんばっていた」だけでなく、「よく、がんばってるね」「今日もがんばったね」「これまでがんばってきたね」「私ってすごいね」など、自分が言いやすく、しっくりくる言葉に変えていただいて大丈夫です。

さらに、**言葉だけではなく「セルフハグ」をして、1人でがんばってきた自分自身の心をケアしてあげましょう**。

自分が落ち着ける香りのアロマキャンドルを焚いたり、温かいお湯に浸かったりするなど、リラックスできる環境で、「セルフハグ」をしてあげて自分をいたわってあげてください。

宿題2の解説
「反抗期」は大人になってからでも遅くはない

「セッション2」の最後に、大和は幸子に「罪悪感を抱く行動をとってみる」よう、提案します。

多くの人は、気づかぬうちに、親の価値観をそのまま受け継いだり、親に嫌われたくないがために「**親基準（親が喜ぶであろう選択）**」で考えたり、行動したりしています。

「罪悪感を抱く行動をとる」とは、社会的に悪いことをするのではなく、親から受け継いだ価値観や、これまで従ってきた「親基準」に逆らってみる、ということです。

幸子のように、これまでずっと自分の気持ちや要望を抑えてきた人は、思春期に反抗期を経験したことがない人が少なくありません。

そんなときは、「意識的に〝反抗期〟になってみる」とイメージすると、やりやすいかもしれません。

「やりたくないことを理由をつけてでも断る」というのは、最初のうちは、罪悪感を抱くかもしれません。

でも、「自分基準」で行動することに清々《すがすが》しさを感じる人も多いはずです。

親の価値観は、良くも悪くもその人の個人的な価値観です。どこか偏っているという可能性も、往々にしてあります。

相対性理論で有名な物理学者のアルベルト・アインシュタインは「常識とは18歳までに身につけた偏見のコレクションでしかない」と言います。

また、子どもと親が生きる時代は、およそ20〜40年と、長い隔たりがあります。社会や環境が大きく異なるため、親の持つ価値観と子どもの考えがすれ違うのは、ある意味、当然だと言えます。

たとえば、戦後の物資が少ない時代に育った親の世代は、やたらとモノをほしがるのはよくないこととされ、「がまん」や倹約が美徳でした。

でも、現代はあらゆるものが豊富にあり「手に入れたいけどがまん」するより、むしろ、いらないものを手放し、モノを増やさないことが重要です。

だからこそ、親が「がまん」をよいことだと言っても、ピンとこないまま従っている人も少なくないのです。

こうして、時代の状況を客観的に見ることでも、**親から受け継いだ価値観が、どこか偏っていると気づくこともある**でしょう。

一度フラットな目線で「親基準」を見直してみましょう。

そうして、これまで縛られてきた「親基準」から少しずつ離れることで、自分を心地よくする選択ができるようになるのです。

かよ子（60代）のリトル・ミー

私の母は専業主婦で、家の掃除や洗濯、3度の食事作りは「女性の仕事」として、あたりまえのように行っていました。

父も、自分の稼ぎで「食わせてやってる」のだから、世話をしてもらうのは当然」といった考えを持っており、どんなに母の具合が悪くても「オレの飯は？」と言う姿を見ていたため、私もいつの間にか家事は女性がやるべきことだと信じ込んでいました。

そして母のように、どんなに朝早くても子どものお弁当を作り、パートに行かなければならない日でも家族の食事は夕ご飯の分までしっかり作っていたのです。

ところが「罪悪感を抱く行動をとる」と言われ、これまで20年近く作ってきた食事を、ある週末に放棄してみることにしました。恐る恐る「今日、なんだか疲れてだるいから、ご飯、デリバリーでもいい？」と聞くと、子どもは大喜び。また、夫は、「なんだ、それならオレが、こないだテレビで見たハンバーグ作るよ」と言ってくれて、拍子抜けしてしまいました。

「条件付き承認」の怖さとは？

無意識に親から与えられている価値観を探りたいとき、「**条件付き承認**」に目を向けてみるとヒントがあるかもしれません。

条件付き承認とは、例えば「兄・姉だから我慢して偉いね」「良い点を取ってさすがだね」のように、**条件を満たしたときだけ子どもを褒めたり、認めたりする言動をすること**です。

条件付き承認を繰り返された子どもは、条件に合うように振る舞わないと親から嫌われてしまうと考えてしまいます。ありのままの自分では受け入れてもらえないと感じると、自分の持つ感情や欲求を抑えるようになり、傷ついたりトル・ミーが生まれやすくなるのです。

もしもあなたが、「条件付き承認」を繰り返されていたと気づいたら、その条件は言う人の価値観から出ているだけで、世間一般すべてに当てはまるものではないと考えてみてください。

先ほどでもご説明したように、**親の価値観はその人の個人的な価値観であり、どこか偏っているという可能性も、往々にしてあるのです。**

また、もしもあなたが親なのだとすれば、「お姉ちゃんだから」「テストでいい点を取ったから」のような条件を取り払い、子どもと対話をしてみてください。

たとえば、役割に関係なく、やってくれたことに対して「お手伝いをしてくれてありがとう！」と言う。また、テストの点数が飛び抜けてよくなくても、「がんばったね、どこかわからなかったことある？」「この教科以外に好きなものはある？」などと聞くことで、子どもは「親から1人の人間として認められている」と感じます。

子どもと対話をしようとするときは、「親だからしっかりしなきゃ」「親は子どもを導く立場」などと気負わなくて大丈夫です。

親も1人の人間として、素直に子どもに接すればいいのです。

また、ここで私が1つお伝えしたいのが、子どもをできるだけ「学校の成績」や「運動の能力」で評価しないようにしてほしいということです。

子どもは、学校の勉強や運動以外にもたくさんの可能性を秘めています。ゲームが得意な子どももいますし、新しい遊びを発明するのが天才的な子どももいます。絵を描くのが好きな子や、仲間のリーダーとなってまとめるのが得意な子もいるでしょう。

でも親は、点数や順位のつく「学校の成績」や「運動の能力」がわかりやすいため、ついついあてはめて「できる・できない」と判断しがちです。

実際には「条件付き承認」をまったく行わないようにすることは難しく、ときには、子どものたくさんの可能性に目を向けられても、いつもそういうわけにはいかない場合も多いでしょう。

そのような場合でも「条件付き承認」を行うと、傷ついたリトル・ミーが生まれやすいと知っておいていただければ、口にする頻度は減っていくはずです。

ゆき（40代）のリトル・ミー

私の両親は共働きで、2人とも仕事でいないことが多く、祖父母に育てられる時間が長くありました。祖父母からは、いつも「いい子でいなさい」「お姉ちゃんだからがまんしなさい」「よい成績とよい賞をとりなさい」と言われてきました。

現在、40歳手前なのですが、そうした言葉の影響で、つい最近まで「まじめにきちんとやらなければならない」「がんばらないといけない」「優秀な社員を目指さないと」という思いに縛られていました。

ひたすら「がまんして」「いい結果を出す」ことだけを中心に生活をしていたら、とうとう心と身体が悲鳴をあげてしまい倒れてしまったのです。

少しですが休職したあと、今はいい意味であきらめた感じで仕事をしており、やるべきことだけをやっています。すると心が楽でプライベートに力を注げるようになり、人生が生まれて初めて楽しくなりました。倒れてからやっと気づくとは。

「今」を生きることの難しさ

幸せになるためには、過去の後悔や未来の不安などに振り回されず、「今、目の前のことを大切に生きる」ことが重要だとよく言われます。

有名なアドラー心理学でも、「今を生きる」というメッセージを発していますね。心理学の分野では、人の心について、さまざまな説があり、今、どう考えるか、どうするかの積み重ねで未来が決まるという説が、近年、主流となってきました。その多くは、「人生は過去に左右されるのではない。過去に起きたことに、今、どのような意味を与えるかによって生き方が決まる」と説いています。

「今を生きる」という言葉は、多くの人にとって「過去なんて関係ない」というメッセージとして心地よく響きます。過去がどうであれ、今から変えていけばいいという希望を持たせてくれるからでしょう。

もちろん、「今を生きる」のは、幸せな人生を送るために大切な考え方の1

つです。今の心のありようが、未来を作るのは確かだからです。

でも私は、過去に大なり小なりの傷を負った人が、過去を切り捨てていきなり「今」に集中するのはとても難しいことなのではないかと考えています。

もちろん、切り替えが早くて意志が強く、決めるだけですぐに「今」に集中できる方も、いるでしょう。

しかし**多くの人にとっては、今の人生から過去を引き剝がすのは難しい。**

過去を現在から分離するのが難しい最大の理由が、過去の記憶は、私たちの心の9割以上を占めると言われる潜在意識にしっかりと残ることです。

「幸せな結婚がしたい」と願いながら、男性と付き合うのが怖くて踏み出せない女性がいました。実は、この女性には、結婚する予定だった男性が詐欺師で、2人で貯めた貯金を持って、結婚式の直前に逃げてしまったという過去があったのです。

「過去は過去だから」と割り切って切り捨てられたら、新たな男性と交際することもできたかもしれません。しかし彼女が受けた傷は深く、彼女の今の願望に反して、過去に受けた恐怖が彼女の行動にブレーキをかけ続けてしまうのです。

過去に受けた傷を無視して、今ある意思だけで人生を変えようとするのは、LV.10の顕在意識でLV.90の潜在意識を相手取るようなものだと私は考えます。

そんな無茶な戦いを挑むより、過去の傷であるリトル・ミーとしっかり向き合うほうが、遠回りのようで、実は最短距離になると確信しています。

いきなり「今を生きよう」としても難しい。その前にしっかりと過去を清算し再構築することで、過去に影響を受けずに「今」を生きられるようになる、と私は考えているのです。

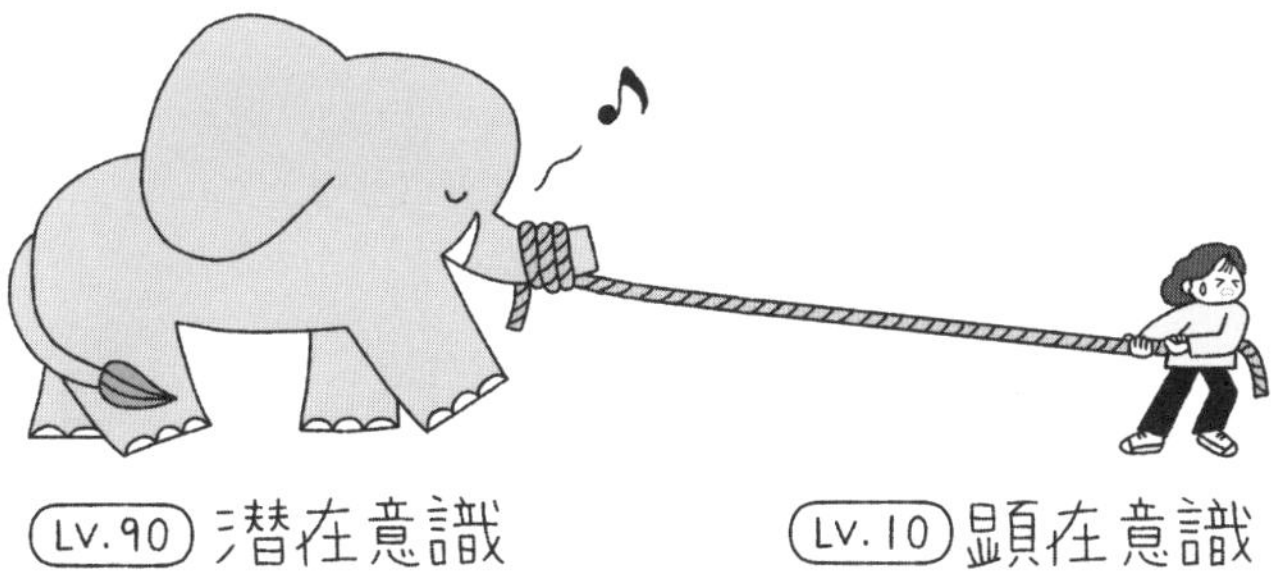

セッション3の解説

リトル・ミーの癒しが人生を動かす

答え合わせは大事じゃない、自分が納得できればいい

これまでの2回のセッションで、幸子はリトル・ミーを見つけ、「親基準」の行動から、少しずつ離れることができました。「セッション3」では、仕上げとも言えるワーク「エンプティチェア」を行います。↓P.58

エンプティチェアの目的は、小学校5年生のときの幸子のリトル・ミーに会いに行くと同時に、そのときの**母の気持ちを理解しようとすること**です。

エンプティチェアのワークで出てくる答えは、リトル・ミーはもちろん、当時の母の気持ちも、あくまでも幸子の想像でしかありません。

でも、**それでいい**のです。**あえて母にたずねて「答え合わせ」する必要はあ**

りません。自分が「こうだったんだ」と思ったのが、唯一の正解であり、最終的に心が落ち着けばいいのです。

今の大人になった幸子が、幼い自分がどうして傷ついたか、そしてそのとき母は何を思っていたか、想像の中で対話して、**自分が前向きに納得いくように理解できれば、ワークは成功した**と言えます。

古い感情を解き放つのに、そのときのリアルな相手は必要ではないのです。「自分の中に住み続けている相手」に対して、そのときの気持ちを吐き出せればいいのです。

エンプティチェアというワークを行うと、これまでの、自分サイドからの一方的な見方ではなく、両方の立場からリトル・ミーが生まれた瞬間を見ることができます。そして、幸子の場合、今の自分よりも15歳近く若かった当時の母が、手探りで子育てをしながら、自分なりに娘に幸せになってもらいたいと考えていたからこそ、口を突いて出たのが「お母さん、がっかりだわ。もう幸子のこと信用できない！」だったと思えました。

母も完璧な存在ではなく、自分と同じ、未熟な1人の人間だったと気づいて、**どちらの気持ちも理解できたことで、リトル・ミーは納得し、癒されていったのです。**

幸子は、大和とのセッションで、当時の母の気持ちを、自分なりに理解することができました。でも、多くの場合、なかなか1回で落ち着くことはありません。言い足りないことがあったり、なかなか自分の納得できるような親の答えが出てこないこともあるでしょう。

一度ですっきりしないからといって、あきらめないでください。

一般的には、3回ほど行うと、自分なりの答えを導き出すことができます。

もちろん、それよりも多く行っても構いません。

ここはリトル・ミーを癒すための大切なポイントですので、納得いくまで繰り返してください。

「許す」のは自分のため

リトル・ミーを深く傷つけた原因である親の言動を許すことができれば、リトル・ミーは癒されていきます。

ただ、ここで言う「許す」とは、相手にされたことをなかったことにしたり、がまんして責めないようにしたりするという意味ではありません。

ムリに「あれでよかった」と思い込もうとしたり、相手のしたことを大目に見たりするのも「許す」ことにはなりません。

また、誤解する方が多いのですが「許す＝親のことを好きになる」ことではないのです。ここで言う「許す」とは、あくまでも**「親も完璧な存在ではない、1人の人間である」**という見方ができるようになることです。

私も、長年嫌いだった父親と心理的な和解はしましたが、決して父親が大好きになったわけでも、父親の言動、すべてを許しているわけでもありません。

ただ、1人の人間として見たときに、「仕方なかったんだな」と受け入れることができたから、私のリトル・ミーは癒されたのです。

幸子の場合も、母は「子どもに幸せになってほしい」気持ちがあったから、自分が信じる幸せになる方法を伝えていたのです。

たとえ幸子が望むやり方でなくても、母は母なりに一生懸命だった。

幸子がそう折り合いをつけられたのが、「許した」ことになると私は考えています。

「許す」というのは、自分に力を取り戻す行為でもあります。親の言動に対し、自分なりに納得できれば、「憎い」「つらい」気持ちから自由になれます。

相手への憎しみや執着から自分を解放することで、過去の影響から自分を解き放つことができるからです。

つまり、ワークを行い、相手を許すのは、自分のためになっていると言えます。**親のために許すのではない。自分のために許すのです。**

そのように考えると、少し、やりやすくなるのではないでしょうか。

もちろん、自分に対して、ひどい言動や仕打ちをした相手を「許す」というのは、誰にとってもとても難しいことです。

最近は「毒親」などという言葉もありますが、想像を絶するようなひどい仕打ちを受けてきて、とてもではないけれど許すなんて不可能だと言う人もいるでしょう。

無理して許そうとする必要はありませんし、なかなかうまくいかないからといって、自分を責める必要も、落ち込む必要もありません。

許すまでに何年かかってもいいですし、許すことができなくてもいいのです。そんなときは、自分の心を守るために、「**親を許せない自分を許します**」と何度も唱えてみてください。

繰り返し唱えることで、少しずつ親の影響から心を切り離しやすくなっていくでしょう。

みき（50代）のリトル・ミー

私は、物心ついたころから、母と兄から「お前みたいなもん、いらん」「出て行け」「お前はかわいくない」「アホ、バカ、ボケ」など、考えつく限りのひどい言葉の暴力を受けてきました。7歳のころには家出や自殺をいつも考えるようになりました。大人になってやっと幸せになろうと結婚した夫も、母や兄と同じでした。

夫から受ける暴言や暴力の話を友人に相談したとき、全員から「ありえない！」「私だったら速攻、出ていく」「は？　なんでがまんしているの？」などと言われ、私はそのとき初めて、幼いころから日常的に暴言を浴びせられ、反抗したらもっとひどい目にあうから理不尽なこともがまんしてきた、自分の心の状態に気づいたのです。

家族は今でも、全員、私の敵です。誰一人、私を大切にしてくれなかった、生きてていいと認めてくれなかった。ひどいことばかりされて、恨んで憎み続けてきました。

でももう、憎しみを持ち続けるのにも疲れました。

もういい加減、この感情を手放さないと心の底からおだやかに幸せに暮らすことはできないんだなと、やっと思うようになりました。

今は亡き両親それぞれに手紙を書くことは、思い出したくもない子ども時代のつらかったエピソードの数々を掘り起こす作業でした。40～50年前、当時のつらかった、悲しかった思いが、今起きていることのように感じられ、ボロボロに泣きながら便箋に何枚も書き殴りました。

今もまだ、思い出すたびに、追加で書き足しています。

でも私の恨みはよほど根深いのか、いまだ「気分スッキリ」とはなりません。書いても書いてもまだ「親もまだ未熟で仕方なかったんだな」という境地には至りません。ただ、「書いても書いても親を許せない自分」は、よっぽど心の狭い人間だと自分を責めていたのが、最近やっと「親を許せない自分をもう許そう」という感じで受け入れられるようになってきました。

「1人の人間」として親を知ると許しやすくなる

「セッション3」で幸子は、大和から、父と母がどうやって出会ったか知っているかと聞かれ、自分が両親について無関心だったことにショックを受けます。私がカウンセリングをしてきた人たちの多くもそうでした。

幸子と同じように、**両親がどうやって出会ったか、どんなデートをしていたかなどを含めて、どんな人生を送ってきたかを知らない人が実は多い**のです。

実際に私も、両親と心理的な和解をするまでは、ほとんど両親のプライベートについて知りませんでした。

でも、それも仕方ないことなのかもしれません。

親が一生懸命に「親としての役目」を果たそうとすればするほど、「父親」「母親」としての立場から、子どもに接するようになるからです。

親と子どもの関係は、たとえて言えば、プロ野球チームの監督と選手との間柄に似ていると言えるかもしれません。監督は、チームの実力を高めてよりよい成績を残すために、できるだけ私情をはさまずに、選手を指導しようとするでしょう。そのため、トレーニングや練習内容など、必要なこと以外の会話は少なくなると言えます。

同じように親も、子育てに懸命になればなるほど、子どもに対して「宿題やったの？」「歯磨いたの？」などといった必要な会話に終始しがちです。また、選手は監督の指示には従いますが、監督のプライベートをあれこれ知りたいとは、あまり思わないでしょう。同様に子どもも、「父親」「母親」としての役割を求めている間は、親の人間としての側面を知る必要をあまり感じないのです。

でも、**大人になって、あらためて「父親」「母親」という役割以外の、人としての側面を知ることは、私はリトル・ミーを癒して両親と心理的な和解をするための大きな助けになる**と考えています。

まだ幼い子どもは、目の前で起きたことをその状況のまま受け止めてしまいがちです。**親との生活が子どもの世界の大半であり、その場の状況を俯瞰《ふかん》して判断するのは、幼い心には難しいものです**。

たとえば、3歳になったあなたに妹が生まれ、お母さんは妹の世話ばかりして、前ほどあなたと一緒に過ごす時間がなくなったとしましょう。

3歳のあなたは「私はもう必要ないんだ」「お母さんは、私より妹が好きなんだ」と受け止めて、傷ついたリトル・ミーが生まれるかもしれません。

でも、大人になって振り返れば、1人でミルクを飲むこともできない、生まれたての赤ちゃんの世話にかかりきりになるのは、仕方のないことだと思えませんか。

つまり、**大人になってから、あらためて1人の人間として、親の考えや育った環境、そして当時の状況などを知ることで、何もわからずに傷ついた3歳の自分とは異なる判断が下せるようになり、リトル・ミーが癒されやすくなる**のです。

だからこそ私自身も、一時期、両親に会うたびにインタビューを繰り返すということを行っていました。

節子（60代）のリトル・ミー

私の母は、常に自分の価値観を押し付ける人でした。

「自分の価値観がベスト！」と信じこんでいる頑固な人でした。何か意見を言っても無視。反抗的な行動をすれば、泣き落としか、泡を吹いて倒れて過呼吸状態になって大変なことになりました。「私が母の意見に従えば平穏な日々が送れる」というのが、幼い私が胸に刻み続けた信念でした。

その結果私は笑わない子、意見を言えない子、存在感のない子、得体の知れない子と、親や親族にこのような言葉で表現され続けるようになりました。私には生きている価値があるのだろうかという空虚な思いがいつも心の底に沈んでいました。

でも、私には母の味方になろうと決意した事情がありました。父の母、つまり私の祖母は2人の息子が戦死した悲しみを、嫁に来た私の母親にぶつけ続けていました。何も言わない寡黙な父親。私が学校から帰ると、泣きながら家事をしている母。家族とはなんだろう。そう思わざるをえない環境でした。せめて私だけでも、母親の味方になろう、このままでは母がかわいそうすぎる！　幼い私の固い決心でした。そうしていつの間にか、私は母親に仕える人になっていました。でも、傲慢《ごうまん》で勝手な態度に、私を見下すような言動が続き、私はだんだんと母親を憎むようになっていきます。

それでも、母の生い立ちを思うと心は揺れました。母の父親は、母が10歳のときに戦地に向かいました。長女の母に「家族を頼む！　お母さんを助けて生き抜いてくれ！」と、手を強く握りしめて伝えたそうです。

涙を流しながら言われた言葉の重さ！

学校にも行かず、母親とともに働き始めた10歳の母を思いました。

4人の妹や弟の親代わりとして生きねばならなかった母。

貧しい寒村での日々を思うと、母を責める気持ちも薄らいでいきます。

ある年の終戦記念日の午後、「戦争さえなかったら、こんな人生にはならんかった」と、母はポツリとつぶやきました。お父さんさえいてくれたら学校にも行けた。私の父の戦死した2人の兄さんたちも、東京で好きな仕事に就いて幸せやったろうに。じいちゃんもばあちゃんも、田畑を売って、借金して大学に入学させた兄さんたちを楽しみにして働き続けたのに。

過労死したじいちゃん。

私の父が、残された借金を背負い家族のために働き続けることになった。

父も寂しかったのかもしれない。そう、しみじみと語る母親の言葉が胸に沁《し》みました。

1人1人の人間の人生史を、聞かせてもらいました。母親である前にあなたも1人の人間。私も1人の人間。未熟な人間同士なんだ。母親とはこうあるべき、父親とはこうあるべき、そんな私の妄想が崩れ落ちました。

〝母親も1人の人間〟と気づいたとき、感謝の思いがあふれました。


目の前には必死に生きてきた父と母がいます。

未熟なところだらけだけど、私を育ててくれた父と母がいます。

おかげさまで今の私があります。

お父さん、お母さん、ありがとう、私を育ててくれて。

宿題3の解説　親と話すことについて

「エンプティチェア」を行う最終的なゴールは、**当時の状況や心境を、自分のために納得できるように解釈して、過去を再構築すること**です。

先ほどもお伝えしたように、自分の気持ちを両親に伝え、自分の解釈が合っていたか、間違っていたかを聞いて、答え合わせをする必要はありません。

でも、**自分の気持ちが落ち着き、「やってみてもいいかもしれない」「できそうだ」と考えた人は、さらに一歩踏み込んで、幸子のように、電話をしたり、面と向かって、親にありのままの気持ちを伝えてみてもいいでしょう。**

もし、すでにご両親が他界されている場合、墓前などで話しかけてみるのもお勧めしています。

傷つけられた過去を持ち、「苦手」「嫌い」などと思っていた人に、理由を聞いたり、感謝の気持ちを伝えたりするのは、非常に難易度が高いチャレンジです。私も、ずっと嫌ってきた父親に、思い切って「育ててくれて、ありがとう」と伝えたことがありますが、それは、伝える前にはパニックになりそうだったほど、恐ろしい体験でした。

そして、もちろん、お互いに理解し合えるケースばかりではありません。「そんなこと、覚えていない」「何を言ってるの、そう言わせたあなたが悪いんだ」と反論されたりする可能性もあるでしょう。

では、そんな思いをしてまで、なぜ実際に伝える価値があるのか。私は、**実際に相手に伝えることで、心の傷から立ち直ったリトル・ミーに、さらに自信と力を与えることができるからだ**と考えています。人生最大の恐怖の1つとも言える「自分を傷つけた相手に気持ちを伝える」行為を、決めて行動できたら、その勇気はリトル・ミーへの大きなプレゼントとなるでしょう。しかし、**繰り返しますが、ムリをして伝える必要はありません**。

親からどんなリアクションが来ても大丈夫。望んでいる答えでなくてもそれはそれとして受け入れられる。そう思えたらぜひ、試してみてください。

それでも、どうしても許せないときに考えてみたいこと

この本をここまで読んでくださった方は、少しずつリトル・ミーが傷ついた状況を客観的に見られるようになってきているでしょう。

ただ、**どうしても親の言動が理解できない場合もある**でしょう。暴力を振るわれるなど、どう考えても納得できず「許せない」思いを手放せないこともあるでしょう。


そんなとき私は、親がなんらかの精神的な疾患を抱えている可能性をお話しすることがあります。

もちろん私は、精神医学の専門家ではありませんので、診断を下すことはできません。ただ近年、こうした疾患の情報が世に広まるにつれて、「もしかしたら親もそうだったのではないか」という思いに至った、という相談をよく受けるようになりました。大事な観点だと考えるため、最後にお話ししたいと思

います。

精神医学の分野ではさまざまな研究が進んでいます。相手の気持ちを考えられず、子どもや家族とのコミュニケーションが薄くなりがちであったり、子どもとまったくスキンシップをしない、親の言う通りにしないとすぐキレる、門限に3分遅れただけで殴られるなどといった問題はこうした疾患によるものであったと、あとから判明することが増えているそうです。

もし親の極端な言動に悩み、どうしても納得できない場合、「自分の親は、精神的な疾患があったのかもしれない」と考えることで親への気づきが生まれたり、落ち着いて相手を見られるようになりそうなら、それも悪いことではないと私は考えます。

親について、どうしても理解できないときは、そうした疾患も可能性に含めながら、自分なりに納得できる部分と合わせて、親に対する気持ちに折り合いをつけていけばいいのではないでしょうか。

おわりに

「両親のことを好きですか？」

私がまだ、心理カウンセラーとしての活動を始める前、あるセミナーで聞かれた質問です。

その当時、私は父親と４年間絶縁していました。うつ病の母親を理解せず、「怠けている」と怒鳴り散らす父親を許せなかったのです。

そんな父親と大げんかの末、家を飛び出し一人暮らしを始めました。

父親と絶縁中のセミナーでの質問に、「両親が好きかだって？　父のことが大嫌いだよ」と心の中で毒づきました。

その心の声が届いたかのように講師の方は、「両親のどちらかのことで悩んでいたり、恨んでいたり嫌っていたりすると、人生でほんとうの幸せを手にすることはできませんよ」とズバッと言ってきました。

その言葉を聞いて私は、「なんで、両親のことが嫌いなだけで、ほんとうの幸せを手にすることができないの？」と、激しく衝撃を受け、苛立ってしまったのを今でも覚えています。


その後、私は心理カウンセラーとして本格的に活動するようになりました。

ある老人ホームで、定期的に傾聴ボランティアをしていたときのことです。

いつも話をするおじいちゃんが、「masaさんは、よく来て話を聞いてくれて、うれしい。うちの息子は、私が入所してから一度も会いに来ていないんだよ……」とため息をついたのです。

自分がどうにかなる前に息子に会いたいと寂しそうにつぶやいたおじいちゃんの姿を見て、私は心がとても苦しく、締め付けられるように感じました。


なぜなら、このおじいちゃんと息子さんは、私と父親の関係を投影しているかのようだったからです。

私は〝人様の父親〟には定期的に会いに行き、話を真摯に聞いているのに、〝実の父親〟とは絶縁していて、連絡すらしていない状態。

「こんな私が心理カウンセラーとして活動していいものなのか？」と、おじいちゃんに会って喜ばれるたびに、自分自身がイヤになっていきました。

おじいちゃんと息子さんの間に何があったにせよ、10年も会いに来ないのは、相当な何かがあって、感情がもつれてしまったからなのでしょう。

息子さんと交流が途絶えて、おじいちゃんは心から悲しんでいます。

一方で息子さんも、もしかしたら幸せな家庭を築いているかもしれないけれど、心にいつも、父親への憎しみを抱えているということになります。

他人の家族のリアルに間近で触れながら、それがほんとうに幸せな姿なのだろうかと、私は思わざるをえませんでした。

心理カウンセラーとして活動していると、親子関係で悩む人の相談を多く受けます。多くの場合が、この本の幸子のストーリーで描いたように、ほんの少しのボタンのかけ違いで誤解が生まれ、お互いに不幸になっています。

そうして、日々、多くの人の悩みに触れて「ほんとうの幸せとは何なのか？」と考えるうちに、私も父親と本気で心理的な和解をしなければならないという気持ちになっていったのです。

私たちは、両親から生まれ、両親のもとで、考えや価値観などを受け継ぎながら成長しています。

そして、イヤでも父親と母親の血が半分ずつ流れているという事実がある。自分の基盤となるのが2人の親なのですから、「親を嫌っている」というのは自分を嫌っている、自分を否定しているのと同じことだと私は考えます。

今になって、「両親のどちらか一方でも嫌っていると、人生でほんとうの幸せを手にすることはできませんよ」と言ったセミナー講師の言葉の真意が、やっと理解できるようになりました。

もちろん私は、無条件に親を愛せと言いたいわけではありません。

理解できないほどのつらい体験をしたのなら、親を許すのは難しいのがよくわかります。そんなときは、自分の心を癒すことをまず優先してください。

そして、親を許せない自分を許してあげてください。そうやって、過去の記憶を少しずつ再構築することで、人生は大きく変わっていきます。

私は、自分の両親を「父」や「母」としてではなく、1人の人間として見ることで、過去の親に対する解釈が変わりました。

親から受け継いだ常識や考え方を解放し、自由に自分なりの人生を生きられるようになりました。

この本を手に取ってくれた方は、私の経験と同じように、今がそのタイミングなのかもしれません。

そして、リトル・ミーを癒し、親から受け継いだ、自分にフィットしない考え方や常識にとらわれず、自分なりの幸せを追求していっていただきたいと思います。

あなたの人生を陰ながら見守っています。

もしも、つらくて神社で叫んでいる方がいたら、「どうかされましたか？」と私に声をかけられるかもしれません（笑）。

そのときはリトル・ミーを一緒に癒していきましょう！

最後までお読みいただき、ありがとうございました！

いつか、あなたのすばらしい体験談を聞かせていただくのを心から楽しみにしております。

２０２３年６月

心理カウンセラーｍａｓａ

謝辞

「私はこの本を書くことが使命の1つだ」

執筆中、そんなことを頻繁に思っていました。

長年たくさんの方の人生を聞かせてもらう中で、〝幼少期の記憶で人生は9割決まる〟と確信するようになっていきました。幼少のころ、見たり聞いたり触れたりしたもの、特に両親の存在に私たちの人生は影響を受けています。


私の経験と、その解決策を形にしたいという思いが募る中、編集者の大井智水さんにタイミングよく声をかけていただきました。大井さんとは『神様とシンクロする方法』で言霊《ことだま》の本を一緒に手掛けた旧知の間柄です。そこに前回同様、塩尻朋子さんにも編集協力してもらい、最高のトリオで本作りがスタートしました。

3人で何度も打ち合わせをしてすばらしい本になるよう試行錯誤を重ねました。石垣島でも予祝を兼ねて打ち合わせをしたことは、一生の思い出です。「これ以上の本は書けない」と言えるほど納得の本が書けました。

そして、私を支えてくれている仲間の、ハートサポーターともみん、おかぴー豆腐メンタル経済自由人、マインドコーチYUKOさんに心から感謝します。4人でリトル・ミーを癒すワークを泣きながらやり、朝まで語り合ったあの日のことを忘れません。すばらしい仲間に恵まれてほんとうに幸せです。そして、妻の献身的な支えのおかげで私は仕事に集中することができています。いつもありがとう。

最後になりましたが、私を生んで育ててくれた両親に心から感謝しています。家の中もいつも殺伐としていて、決して恵まれた家庭環境ではなかったと思います。だけど、今の私があるのは間違いなく、父親と母親のおかげです。

「この父親と母親を自分が選んで生まれてきた」と思えるようになってから、私の人生は変わっていきました。また笑顔で語り合えるのを楽しみにしています。

これまで関わってきたたくさんの方々、本を読んでくれているあなた。ほんとうにありがとうございます。この本があなたのリトル・ミーを癒し、抱えている悩みが解決することを心から願い、筆をおきたいと思います。

編集後記

塩尻　「1人でも多くの、〝人生がうまくいかない〟と悩む人の心を救いたい」

そんなmasaさんの信念と「人生に悩みを抱える人、すべてに届けたい」という編集サイドの願いが重なって、この本は生まれました。

多くの人のリトル・ミーの話を聞き、心の仕組みを知るにつれて、私も心の奥に閉じ込めていた、たくさんの記憶がよみがえり、幸子の体験と自分の過去をオーバーラップさせて涙したことも数えきれません。でも、幸子の心が晴れやかになっていくと同時に、私の心にいたリトル・ミーも癒されていきました。

最高の仲間と、こうして最高の本作りができたことに感謝しています。石垣島で語り合った日のことは、人生で忘れられない思い出の1つになりました。この本を手にしてくださった方は、私と同じような体験をしていただけると確信しています。

大井　ｍａｓａさんに、「いつも同じ悩みで苦しんでいる」と打ち明けたことがあります。自分に問題があるのだろうが、それはどこに原因があり、どうしたら解決できるのかわからない。この本は思えば、そこからスタートしたのだと思います。

塩尻さんとともに3人で、仕事を超えた悩み相談と人生への議論を繰り返しました。制作中は皆が赤裸々に自分を開き、自分と向き合っていたと思います。勇気が必要な場面もありましたが、ｍａｓａさんの唯一無二のお人柄、知恵と経験に基づいたメソッドがあったからこそ実現した時間でした。ｍａｓａさんのお客さまからいただいた実際のお声には、とてつもない重みがありました。結果、手前味噌ながら、大変リアリティのある本に仕上がったのではないかと感じています。

ｍａｓａさんが説明されていたように、実際にあったエピソードを読んでいると、記憶が触発されて動き出します。過去と向き合う手助けになってくれます。この本が、読んでくださった皆さまの転機となりますように心から願い続けます。

心理カウンセラー masa
1978年生。心理カウンセラー。母親の介護で苦しんでいた20代の時期に潜在意識を扱う1冊の本と出会い、奇跡的に母親が回復。それからは心理学にまつわるありとあらゆる研究に没頭し、自分とお客さまの人生に応用。人生の9割近くに影響を及ぼしている「幼少期の記憶」を書き換えることで、お客さまの人生が驚くほどのミラクルに包まれる奇跡を体感中。6500人以上の方に実施したカウンセリングでは、誰にとってもわかりやすく、簡単で効果があると評判を呼び、あっというまに6ヶ月先まで予約が埋まるほどの人気に。著者に、『神様とシンクロする方法』（KADOKAWA）、『1日3分 願いが叶う超感謝ノート』（フォレスト出版）。

「小《ち》さな私《わたし》」の癒《いや》し方《かた》
幼少期《ようしょうき》の記憶《きおく》で人生《じんせい》は9割決《わりき》まる

2023年6月5日　初版発行

著者／心理《しんり》カウンセラー masa《まさ》

発行者／山下 直久

発行／株式会社KADOKAWA
〒102-8177　東京都千代田区富士見2-13-3
電話 0570-002-301（ナビダイヤル）

印刷所／大日本印刷株式会社

製本所／大日本印刷株式会社

●お問い合わせ
https://www.kadokawa.co.jp/（「お問い合わせ」へお進みください）
※内容によっては、お答えできない場合があります。
※サポートは日本国内のみとさせていただきます。
※Japanese text only

定価はカバーに表示してあります。

ISBN 978-4-04-606288-8　C0095